爺の流儀

嵐山光三郎

ワニブックス
|PLUS|新書

はじめに

野生動物は呆けません。なぜなら呆ける前に死んでしまうからです。人間は医療・生活習慣などを修得して長生きする霊長類となったのです。長生きする術を得たぶん、どうでもいいことを考えるようになりました。

脳が発達し、両眼視ができ、指は物をつかむ。百八十種に分けられる霊長類のうち、もっとも進化したのが人間です。科学の進歩により、宇宙旅行へ行ったり、戦争をしたり、特定の宗教に帰依したりします。

宗教によって悟りを得た人間は、死の恐怖から逃れますが、神様仏様が死後を保障してくれるわけではありません。呆けることは長寿者の保険のようなものです。

ぼくは八十歳をすぎてから、転ぶようになりました。家の中で転び、電車の中で転び、転びなれてきたので受け身がうまくなった。困ったのは膝が崩れるように転ぶことで、ぐんにゃりとコンニャクみたいに崩れるのです。くにゃっときたら、雑巾をしぼるように腰をよじって足首の捻挫を防ぐ。

怖いのは書斎をかねた一階の寝室で、八畳ほどの洋間にベッドと机と椅子と本棚がある。西側のガラス戸の外にある濡れ縁の床板が半分壊れ、野良猫が昼寝をしている。朝、起きて北側にある廊下に出ようとすると、転びそうになる日々であります。

パジャマを着たまま、玄関でサンダルをはき、ドアを出ながら「はて、なにをしようとしているのか」忘れてしまった。大きく息を吸って頭をひねり「そうだ、朝刊をとりに行くのだ」と気がついた。ポストから新聞を取り出して、家へあがり、洗面所で顔を洗い、寝室へ戻ると眼鏡がない。眼鏡は机の上に置いたはずだが、と思案し机の上をさがすと、眠くなって、ふて寝してしまう。

人間は本能を壊された動物です。生まれたままの赤ちゃんをほうっておくと、なにをしでかすかわからないので、教育がなされます。そして、この世を生きていくためのノルマが課され、社会的存在に成長していく。

本能を抑圧された人間は、それでも野生に目覚めて闘ったり、流浪したり、性愛をむさぼったりして、動物としての官能を見つけようとする。さしずめ性欲は官能の最たるものですが、むさぼれば飽きてくる。年がら年じゅう官能小説家風に生きるわけではありません。年をとると体力が衰え、かつてできたことができなくなる。七十六歳のとき、体調を崩して入院し、危うく死ぬところでした。八十歳になると親しい友人がバタバタと他界していく。すると官能が冴え、光や音や色などが澄んでくるのです。

窮地を脱すると頭がリニューアルされ、暗闇にひそむ魔物を飼いならして、いっそう不埒な海を泳ぐ覚悟ができた。こうなれば、自分なりの流儀で生きていくしかないのだと気がついたのです。

目次

2章 老いの流儀 65

3章　下り坂の極意　125

第2章、第3章は「週刊朝日」連載コラム「コンセント抜いたか」の内容より選び、
加筆・修正した作品を新たに構成しました。

1章

すくすくと老いていく

人生のソロバン

人間の死は、ソロバンをはじいて次の計算に移るとき「御破算で願いましては」と珠《たま》を崩すときと同じで、そのあとどうなるか、当人はわからない。

人間国宝も石川五右衛門も内閣総理大臣も横町のご隠居もラーメン屋もＩＴ長者も、孔子もアインシュタインも「はい、それまで、プツン」で終了となります。

ソロバンはそのあとのつづきがあるが、人間の命は一回限りで、つづきはない。死はあらゆる人間に対して公平である。

さて、御破算のあとはどうなるのか、が気になって宗教が生まれた。仏教、キリスト教、イスラム教ほか様々な宗教があり、死のイメージトレーニングが求められる。

教団の帰依者は精神的共同体に属して、霊魂、呪術、自然崇拝などの神を信じ、多種多様の教典、教義を持っている。老化するのは人間だけで、野生動物は老化する前に死んでしまう。人間は「老化する術」を覚えてしまった動物である。健康診断で血液検査・心電図・レントゲンの三点検査をする。

日本人は平均寿命が世界一となり、男八十一歳、女八十七歳にのびた。

ひと昔前の都々逸《どどいつ》に、

〽酒も煙草も女もやらず、百まで生きた馬鹿がいる

てのがありましたが、いまは百まで生きた人がそこらじゅうにいるようになった。

八十一歳のとき、モロッコのタンジェから砂漠地帯のジャジューカ村に行き、三日三晩の呪術的音楽祭に参加した。灯りがない村で、星明りの下を歩いて、そのあとオランダのアムステルダムへ行き、転倒した。

夜遅くまで酒を飲んで、ホテルへ帰るときふわりと宙を飛び頭から突っ込んだ。前歯がトーモロコシの粒のようにポロッと欠けて、石畳の上に散らばり、這い廻ると、ちょうど後方にいた巡査が救急車とドクターカーを呼んでくれて治療をうけ、痛みどめの薬を処方された。

ぶっ飛びながら情けない思いで「無念！」と歯を食いしばろうとしたがその歯が欠け

てしまった。コロコロ死んでいくのが人生だ。

父のノブちゃんは二十五年前に八十七歳で没した。ノブちゃんは新聞社を定年退職し、多摩美術大学でグラフィックデザインの教師をしていた。還暦をすぎたころから顎髭を生やし、仙人の風貌になった。仙人として十年間たって七十歳からは自宅でユーラユラとすごしていた。

ぼくは田無の公団住宅に住んでいたが、老いた両親の敷地に家を建てて一緒に住むようになった。

ノブちゃんが徘徊するようになったのは八十二歳で、ちょうどいまのぼくの年齢だ。行動範囲は自宅を中心として半径二百メートル以内で、それ以上行かないのは体力がなかったためだろう。八十三歳になるとテレビニュースで首相の記者会見を見ながら「おめえ、なに言ってんだ、バカヤロウ」と文句を言った。

「そんなこと言ってだまされねえぞ」

ノブちゃんはテレビに向かって怒っていた。

「そうだ、そうだ」

「老人をないがしろにして、なにが福祉国家なんだ。恥ずかしくないのか」

と、ぼくも同調して「アホな首相だ」と声を荒らげた。ノブちゃんは憎々しげにテレビ中継を罵倒した。日々の鬱積《うっせき》がテレビ画面に向かって爆発し、テレビのブラウン管に柿の種を投げつけた。たちまち畳の上に柿の種が散らかった。ノブちゃんが怒ったときは、それ以上に怒ってみせると機嫌がよくなり、「まったくろくでもない連中だ」と怪気炎をあげた。

母のヨシ子さんは、市役所から老人介護施設R園のパンフレットをとりよせ、

「一日体験というのを頼んでみようかしら」

と言いながら、とまどっていた。

とあれこれあって、ノブちゃんは水曜から木曜日にかけて老人介護施設に一泊するようになった。この二日間だけ、ヨシ子さんはノブちゃんから解放された。

家に帰ったノブちゃんはぐんにゃりと縁側の座椅子によりかかって、庭の月見草を見ている。夕方の日が沈むころ、花弁が身をよじってパラリと開く。

月見草が咲くとゆっくりと七錠の薬を飲む。

「植物状態になって死ぬのはやだな」

とノブちゃんが言う。ノブちゃんはブルーの薬箱、ヨシ子さんの薬はピンクの箱。

ヨシ子さんが通う診療所の先生が「前に渡した薬をかえせ」と言った。その薬が発売禁止になったので使ってはいけない。

「もう十年以上使ってきた薬ですよ。脳がバカになってしまったのかね」

ノブちゃんは顔をしかめた。

「ほら、露草の花が萎れかけている」

ヨシ子さんは露草の花にバケツの水をかけた。

「夕暮れになると露草の花はしぼむんです。朝になればまた開き、昼のあいだだけ咲くんです」

「まっちゃんがなあ、露草の花で人形の服を染めたんだ……」

まっちゃんはノブちゃんの姉のマス子さんだ。マス子さんは数年前に没した。

市の福祉会館で高齢者むけの講演会があった。元信州大学医学部教授の講演で「地域に生きて家で死ぬ」という演題だった。参加費は千円。ヨシ子さんはヨロヨロと出かけていった。入れかわりに大工がきて、台所入口と玄関入口の勾欄《てすり》を取りつけはじめた。工事費は五万円かかるが一割の五千円負担でやってくれる。二年前にも市の援助で廊下と階段と風呂場の勾欄をとりつけた。貧相なる家屋は、どこもかしこも勾欄だらけで、赤塗りすれば遊郭という気配になった。工事が終了したころにヨシ子さんが帰ってきて、大工に茶を出した。市よりの援助は二十万円まであるから「あと十五万円できますけど」と大工が言った。

もう直すところないですよ。雨戸がつっかえて出せないけどねえ。

講演の先生は人柄がよく、やたら話が面白かったという。

「薬は飲み忘れていい。牛乳飲んでカルシウム、は遅いんだって。腹八分でなく、いっぱい食べたほうがいい。孫に金をやるな、と言っていた」

ノブちゃんが養護老人ホームの小型バスに乗って帰ってきた。ヨシ子さんはサンダルをはいて、バスのドアまで走っていった。転ぶんじゃないか、と心配になった。

ノブちゃんは「今日も面白くなかった」と顔をしかめている。

書斎は戦場である

原稿を書いているとブンブンブーンと音がして、うるせえなまったく。古障子の破れ穴より蜂が侵入して二階書斎の天井を飛び廻り、「てめえら皆殺しにしてやる」と身構え、新聞紙を丸めてハッシと振りおろした。部屋の壁には、

「書斎は戦場である」

と筆書きした色紙が貼ってある。これは山田美妙の言葉である。死ぬ直前の、四十二歳の美妙は、半紙にこう書いて貼っていた。

二階にあがってきたノブちゃんが「なにを暴れているんだ。床が抜けちまう」と怒った。

三匹の蜂がプワーンと侵入し、四匹目も入ってきたから、首をすくめてエイヤッとひっぱたくと逃げられた。ノブちゃんは書斎に貼ってある色紙を見て「ふん」とせせら笑った。

「戦場ってのはこんなものじゃないぞ」

敵の銃弾が飛んでくるなかを一日五十キロ前進し、藪《やぶ》のなかをくぐってだな、沼につかり、草むらを這って、腹が減ったら蛇や蛙も食う。自分の手を小便で洗うんだ。クーラーつけた部屋がなんで戦場なんだ。

「おまえ、戦場へ行ったことがあるのか」

五匹目の蜂が入ってきて、ノブちゃんの頭にむかってきた。すかさず丸めた新聞紙で叩き落とし、勢いあまってノブちゃんの頭のてっぺんにあたった。

「親を叩くとはなにごとか」

そうじゃなくて、ほら、まだ蜂が飛んでますよ。刺されるから出てって下さい。蜂は追いこまれると、こちらに襲いかかってくる。

障子窓を開けて、庭を見渡して神妙に観察すると、どうやら庭木に蜂の巣があるらしい。

「退治してやる、外へ出よう」

ノブちゃんの足がふらついている。

「ぼくがやるから」

ノブちゃんの肩をつかんでなだめた。

ビニールのレインコートをはおり、軍手をつけて長靴をはき、庭を歩き廻ったあげく、ミカンの木の繁みに蜂の巣を発見した。大型の虫除けスプレーを蜂の巣に吹きかけた。ビニール袋を頭からかぶったが、蜂軍団は湧き出すように飛び廻り、二十匹ぐらい出てきた。負けてはならじと、スプレー二本を吹きつけ、棒で蜂の巣を叩き落とした。

ちかごろはスズメ蜂が増えたと聞くが、これはミツ蜂である。拳ほどの小さい巣であった。湿った土の上に、ミツ蜂が細くのびた腹を横たえていた。

ミカンの木の苗は、ヨシ子さんの故郷の浜松市中野町の庭から持ってきた。十センチほどの小さな苗であったが、いつのまにか五メートルに生長していた。五月になると甘い香りの花をつけ、やがて果実がなる。

一日たつと、蜂は姿を消し、巣だけが土の上に転がっていた。蜂の巣を拾ったノブちゃんは「いい形をしているな」と見入って「釣り鐘みたいな狭い穴に棲むのは大変だな。蜂の兵隊の強制労働施設だ」と同情した。

書斎に戻ると、床の上に叩き落とした蜂が転がっていた。ところが、まだブンブンという羽音がする。どうやらぼくの脳のなかで蜂が飛んでいるのだ。

病院で脳のスキャンで撮影したときにはそれらしい巣はなかった。高校の同級生のドクトル大村に電話すると、「単なる偏頭痛ではないのかね」と診断された。「おまえは本を出しすぎだ。頭が虫くいだらけなんだよ」

なるほど、そう指摘されるとその通りで、芋書生の後遺症とも思われ、〆切りの原稿を書き始めると、指さきより蜂が文字となって出てくる。指さきまで蜂がつまっていたのか。ならば指より蜂を追い出してしまえば、頭のなかからひびく羽音は少なくなる。

文という文字は蜂の羽音に似ている。文文文文文文文文文文文文文文文文文文文文文と飛ぶように見え、そのためブンブンブンブンと音がする。文字が蜂だとすれば脳内に巣があり、そこから出てくるに違いない。

雌蜂の毒針は本来は産卵管であって、敵を襲うときは産卵管を武器とし、刺したあと蜂は死ぬ。

指さきから蜂を出しきると、いっときは楽になるものの、一晩たつとまた羽音をたてる。それは蜂の幼虫が指に残っているためで、つぎからつぎへと増殖する。

隣の家の子が、ブンブンブーン、蜂が飛ぶと歌っている。こちらの気持ちも知らずに陽気に歌っている。

ドクトル大村から電話があり、

「脳の羽音は活字中毒症である。読みすぎるのも書きすぎるのも問題がある。音楽を聴いたり、温泉へ行ったりして脳を休養させたほうがいい。外科医と物書きが短命なのは、ストレスがたまるからだ」

と教えてくれた。

電力会社の地域担当者がきて、

「お宅の玄関にある桜の木が電線にかかっているから枝をきるように」

と言って帰っていった。

植木屋を呼ぶほどのことはないから、二階の窓から屋根へ降りて、電動ノコギリで切り落とした。切り落とすと、もうひとつの蜂の巣がみつかった。

ノブちゃんの寝室は玄関わきの応接間にあり、ヨシ子さんのベッドと並んでいる。

十二畳の応接間はノブちゃんの書斎を兼ねていて、オーディオセットや造りつけの棚があり、壁にはマティスのリトグラフや展覧会のポスターが貼ってあった。ガラスの引き戸の外は小庭で、花壇に矢車草が咲いていた。美術館の喫茶室を思わせる「昭和の文化住宅」で、庭は友人の造園家が設計した。

ソファーをどかしてベッドを二つ入れると病室のようになった。天井の電灯には長い紐をくくりつけ、ベッドに寝たまま点灯できるようにした。美術品のたぐいは納戸にしまい、タオルだの紙おむつが山となって積まれている。

ノブちゃんの好みで念入りにつくられた部屋は、散らかって原形をとどめていない。夜になるとラジオの音を大きくし、部屋を這い廻るようになった。

眠りながら軍隊のことを大声で話すので、ヨシ子さんは眠れなくなった。

「このあいだ新聞紙を食べちゃったのよ」

とヨシ子さんが眉をひそめた。口をモゴモゴ動かしているので開けさせたら、新聞紙が出てきた。部屋で煙草を吸って、新聞紙に引火して火事をおこしそうになった。

新聞の朝刊はくまなく目を通す。ノブちゃんの友だちが、バタバタと死んでいく。亡くなった友人の名をひとりずつあげていった。その友人たちは家に遊びにきて、帰りぎわ気前よく小遣いをくれた。
つぎつぎと友人が死んでいき、ノブちゃんはゆらりノコノコと生きている。

盗まれた財布

ヨシ子さんは公民館の俳句教室に参加している。句会から帰ってきて「財布を盗まれた」と声を落とした。

手さげ袋をロッカーに入れて、鍵をかけなかった。公民館にくる句会の同人は、みんな顔見知りだから、盗まれるとは思っていなかった。現金は三千円だけだが、病院の診察券やスーパーの会員カードなどが盛りあがるほど入っていた。キャッシュカードは入れてなかった。手さげ袋をロッカーに入れたのはほんの五分ほどで、トイレに行っているすきに財布を盗まれた。

句会の帰りに公民館近くの店で晩御飯ののり巻弁当を買おうとして財布がないことに気がついた。

犯人のめぼしはついている。いつもは見なれぬ老人が来ていた。白髪で身なりがよく、チェックのシャツを着ていた。その老人は句会がはじまるときには消えていた。公民館に戻ると、財布を盗まれた三人が集まってきて、「あの老人が犯人だ」と話しあったが、証拠はない。盗まれた人のうち、二人が駅前の交番に届け出た。

「年寄りの泥棒って、けっこういるんだって。他の公民館でも盗難がつづいている。きちんとした服を着ているのに、それが泥棒なんだから」

ヨシ子さんが話すとノブちゃんが目をさまして、

「それはおまえの不注意だ。ぐずぐずしているから盗まれるんだ」

とヨシ子さんを叱った。

公民館から電話がかかってきた。盗まれた財布が、公民館の庭にあるゴミ箱から出てきた。

現金だけが抜きとられている。

「ああ、よかった」

とヨシ子さんは胸をなでおろして畳にへたりこんだ。

この日の晩から、ぼくは両親の家の二階に寝泊まりすることにした。ノブちゃんを見張るためである。昼間はおとなしくヨシ子さんの言うことをきくが、困るのは寝るときに、紙おむつをつけたがらないことだ。

ノブちゃんはテレビのプロ野球中継を見ながらウイスキー一杯をなめるように啜る。ビールは小便が近くなるので飲まない。ノブちゃんが引出しの奥に納めているサントリーオールドは、原稿料代わりに貰ったものだ。受け取った年月が箱に記してある。

白髭をはやしたノブちゃんの顔はヤギに似てきた。ノブちゃんは朝刊にくまなく目を通す。昔からの習慣で、椅子に座って新聞を開くしぐさが、調べものをしている感じだ。インクの匂いを嗅いで、バリバリと音をさせてめくり、全体に目を通す。

第一面の見出しを見て、下にある書籍の広告を、天眼鏡で見る。三段の広告を八つに区分した部分を、三段八ツ割り、略して三八《サンヤツ》という。活字だけで組んだ本の広告で、職人の仕事である。ノブちゃんは四十歳のころ、『三八傑作集』という小冊子を刊行し「サンヤツの達人」と呼ばれていた。

三八の一番右はしにある書籍広告は、目立つ場所だから老舗《しにせ》の有力版元がおさえている。

天眼鏡をあてて、本のタイトルを一文字ずつ読みあげる。んーと……漢字を忘れてしまうんだ。これはなんという字だ。癌ですか。癌のアニイ？　アニイじゃなくて、のろい、呪いか。みんな癌で死んでしまったよ。

ノブちゃんは、亡くなった友人の名を、ひとりずつあげていった。トモダチが頼りだよ、がノブちゃんの口ぐせだった。

ノブちゃんが大切にしている錆びた空き缶がある。牛肉大和煮が入っていた缶で、赤い錆び色を通りこして黒く変色していた。これは髭をそる剃刀《かみそり》を入れるのに使ってきた。

「こんな古いの、なんで捨てないの」

と訊くと「五十年以上使っているのだ」と睨みつけられた。物資が不足していた時代の代用品だ。戦地から持ち帰った飯盒《はんごう》はへこんで底に黒こげがついている。二等兵として従軍したときから、肌身離さず持ち歩いてきた。頑丈な作りで、ぼくは小学生のころ、キャンプの飯盒炊爨《はんごうすいさん》でこれを使った。

もうひとつは屏風《びょうぶ》仕立ての山水画で、ノブちゃんの父、学《まなぶ》さんの筆になる画賛が描かれている。

祖父は、兜町《かぶとちょう》で証券会社を経営していたが、倒産して、失意のなかでこの画賛を書き残した。学さんのことは詳しく語りたがらないから、悲惨な晩年と察せられる。兜町の相場師で、儲けたときは中野区高根町に豪壮な邸宅を造り、車夫までいた。

どこの家にもありそうな「昔はお大尽だった」没落物語だが、ぼくの家にもあるのだった。高根町がぼくの本籍地に登録されていた。

介護認定

ノブちゃんは召集されてから六年後に復員すると、ヨシ子さんとぼくを連れて神奈川県藤沢の貧乏長屋へ越し、裸一貫で生きてきた。東京都多摩地区にある国立市にきたのは、ぼくが小学二年生のときであった。

ノブちゃんは要介護1に認定されていた。要介護1は立ち上がりや歩行が不安定で、排泄、入浴などに一部介助が必要の人である。

腸が弱まって大便が出にくくなり、流動食しか食べない。下剤の量をふやすと、ようやく二日ぶりの大便が出た。ヨシ子さんが、

「お父さんは要介護2じゃないかしら」

と首をひねった。

じゃ申請しましょうよ、とうなずいたものの申請書類に記入するのがやたらと難しい。どうにか面倒な申請手続きがすむと、二段階の要介護認定を受ける。中年の訪問調査員が家にきて、調査票にいろいろと書きこんでいく。日常生活の様子を七十三項目、医療面が十二項目あって、取り調べを受けているようだ。ヨシ子さんが、

「できるだけ馬鹿にふるまうのよ、そうじゃないと認定してくれないから」

と念押しするとノブちゃんは「ああ」とうなずいて、舌をベロベロと震わせてみせた。これはノブちゃんがお得意の「アホのフリ」である。調査員が、

「お名前は?」

と訊くと、しばらく声を出さず、あうあうと唸ってから、思い出すふりをして、「ノブタン」

とだけ答えた。

「まじめに答えて下さいね」

介護保険サービス調査票を持った担当者がむっとした顔で言った。

「おとしは?」

「と、と、としは忘れた。あ、百歳か」

ヨシ子さんが代わって、

「八十五歳でしょ」

と答えると、「そうかもしれません」とうなずいた。

「食事はひとりでできますか」

「食べない」

「トイレはどうですか」

「いかない」

「お風呂はひとりで入りますか」

「入らない」

「お散歩へ出かけますか」

「わからない」

ノブちゃんは要介護を認定してもらうためにそれなりに努力をしているようだった。目はトローンと力がなく、肩の力を抜いている。医療面についての質問には、目を閉じて眠ってしまい、代わってヨシ子さんが答えた。調査員があきれた顔をして帰っていくと、

「あれでよかったかね」

と訊いてきた。

「このあと二次判定があるのよ。主治医の意見書をコンピュータに入れて審査するんです。わざと呆けたふりをすると、かえって自立になっちゃうんだから」

ヨシ子さんが注意すると、ノブちゃんは「自立は大事なことだぞ」と教師の顔になった。

「ですから、ふざけてるとかえって目立っちゃうんですよ」

ノブちゃんは、「がんばってみよう」とうなずいた。

ようやく審査結果が出た。

要介護2であった。

これは立ち上がりや歩行が自分では困難で、かつ、排泄、入浴などの介助が必要という判定である。

「よかったわね。これで月二十万円ぐらいの補助が貰えるのよ」

ノブちゃんは得意そうであった。とりあえず三人でサイダーで乾杯した。

臨終紙風船

ノブちゃんの認知症は一気に進んで要介護3に認定された。体力が衰えて意欲が低くなった。頬がこけて顔色が悪く、いつもうとうとと眠っている。便秘のためあまり食をとらない。個室の冷蔵庫にはスッポンスープ入りの瓶がしまってあった。

「ちゃんと食事をしなきゃだめですよ」

「わかっているが食う気がしないんだ。ジンプンセイゾウキ」

人糞製造機とは職のない人間の自虐だった。戦後の不況時代に職を失った人がやけくそで言っていた流行語だ。

R園に入って半年後、ノブちゃんは風邪をひいた。見舞いに行ったヨシ子さんが、「お正月は家に連れて帰る」と言い出した。「三日間だけ家に戻します」

正月は寮母さんが家に帰るし、施設長も休みをとるため、入居者の対応がよくとれない。大晦日の午後、ノブちゃんをタクシーに乗せて、自宅へ連れ戻した。オーバーを着て、古ぼけたボルサリーノの帽子をかぶって、ぼんやりと家に帰ってきた。家に着くなりフラノのズボンを脱がして風呂に入れた。タイルが貼られた浴室の浴槽には満々と湯が張られていた。父親を風呂に入れるのは、はじめての体験だった。

かつてぼくの頭を電気スタンドで殴りつけたノブちゃんの腕は、沢庵のように皮膚がたるんでいた。ぶ厚かった胸の筋肉も皺が波うっている。

浴槽にふたりで入れないため、外からごしごしと背中を洗った。

「頭はどうしますか」

「湯から出てシャワーで洗う」

浴槽から出るときは肩を担いでヨイコラショ！　転ばないようにふんばった。プラスティックの台に座らせると、目を閉じて、気持ちよさそうに手を動かした。

「うちの湯はおちつくな。ちょっと窓を開けろ、外を見る」

言われるまま窓を半分だけ開けると、垣根の満天星《どうだんつつじ》の枝にメジロのつがいが止まっていた。アオキが赤い実をつけ、葉にうっすらと雪が積もっている。粉雪が降りはじめた。湯気がひとかたまりとなって窓の外に流れ、冷気が入りこみ、ノブちゃんはくしゃみをした。窓を閉めて座らせ、シャンプーをかけて頭をシャワシャワと洗った。背中を洗い、下腹部は自分で洗ってもらった。脱衣室には、バスタオルを持ったヨシ子さんが待っている。

体を拭くときは、まず顔、次に頭と背中、腕、腹、膝、足の順にいく。

「下腹部は最後に拭くのですよ。うっかり陰部のあとに顔を拭いたりすると怒られます」と、園のケアワーカーに教えられていた。パジャマに着がえ、ガウンをはおったノブちゃんは、籐椅子にもたれかかって、ゆっくりと麦茶を飲んだ。

築五十年になる家は、木製ワクのガラス戸から雨が吹きこみ、天井には雨が染みた縞模様がついている。年越し蕎麦を食べて、紅白歌合戦を見ながらノブちゃんは眠ってしまった。

二泊三日の自宅滞在が終わると、タクシーを呼んで園へ帰っていった。

ノブちゃんは威張らなくなり、それどころか涙もろくなった。気力が萎えて、ちょっとしたことで、

「申し訳ない」

と言う。

「いいのよ。ここはお父さんの家なんですから。いちいち気にしなくてもいいの」

とヨシ子さんが力づけると、

「ああ」

と弱々しく頷いた。ノブちゃん宛にも三十通ほどの年賀状がきて、眼鏡屋、ゴルフ場、帽子店、薬局、老人用衣料品店、デパート、通販会社からのものばかりだった。ノブちゃんが滞在中のわが家は、大晦日の夜だけ賑わったものの、あとは訪れる人もなく、ヨシ子さんは不眠不休状態で、げっそりとやつれてしまった。

R園へ行くと、ノブちゃんには、ほとんど友だちがいない。個室に籠もって考えごとをしている。施設長の判断では、もう要介護4でいいそうだ。そうなると月額の利用料は三十万円以上になる。ヨシ子さんは計算が速くて記憶力がいい。そんな話をノブちゃんは、わかったふりをして聞き、「そういうことだよ」とうなずいて、園に戻った。

ヨシ子さんが夜ふかしをするようになった。

なかなか寝つけなくなって、NHKのラジオ深夜便を聴いている。ぼくの家は夜ふかしをする家系で、ぼくもヨシ子さんの家の二階で、深夜まで仕事をしている。

週に二回、午後二時ごろ、ヨシ子さんと一緒に園に行く。ノブちゃんとの面会は二十分に限定されている。ノブちゃんはヨシ子さんの顔を見ると安心して笑顔を見せた。ヨシ子さんは、前日、白内障の検診で眼科に行っていた。

「検診のとき、目玉をひっくり返されてボーッとなったけれど、痛みを感じないのよ。老化すると目玉も呆けるのかしら」

ヨシ子さんはゴムの腹巻をきつく巻きしめて、足もとがふらついて転びそうになった。

「眼科の先生がこう言ったのよ。老化するのは人間だけなんだって。野生動物は老化しないの」

「えーっどうして」

「野生動物は老化する前に死んでしまうんです」

あ、そうか。

R園へ行くと、ケアワーカーが、

「ここ三日間は水しか飲まないんです」

と、困りはてた顔で言った。

「トイレはどうなんですか」

「小のほうは出るんですが大が出ません」

「点滴したらどうでしょうか」

「それは病院へ行かないと無理です」

「便がつまっているなら、浣腸したらどうでしょうか」

「ご本人がいやがるんです。それに食べてないのに浣腸すると、かえって体によくないのです」

ケアワーカーが首を横に振った。暗に病院に入院させたほうがいい、とほのめかしているようだった。

ヨシ子さんは部屋の冷蔵庫を開けて、各種の栄養をミックスしたスープのペットボトルをとり出し、コップに入れて、

「水のかわりにこれを」

と差し出した。

「ああ、飲めばいいんだろう」

ノブちゃんはビタミンの錠剤とスープをゆっくり飲みほしてそのまま夕食をとらずに眠ってしまった。面会する二十分が、あっというまに終わった。

その日の夜、午後十一時に電話が鳴った。ケアワーカーからの電話で、声がうわずっていた。

「いま府中病院の救急外来におります。お父上がさきほど吐血しまして、救急車を呼んでこちらへ運びました。すぐ来て下さい」

血の気がひいた。

ジャンパーをひっかけてタクシーを呼んだ。

ヨシ子さんもセーターを着て、出かける用意をした。病院の救急外来に着くと、ノブちゃんの鼻や口に各種のチューブがつめられ、医師が治療をしていた。

「呼吸は止まっておりませんし、心臓も動いております。どうなるかはこれから経過を見て……」

と担当医の説明を受けた。

ガラスの窓越しに、ベッドに横たわったノブちゃんの姿が見えた。蛍光灯がしらじらとベッドを照らしている。ヨシ子さんはぼくの手を握ったままはなさない。

間際の癇癪《かんしゃく》

ノブちゃんは意識不明のまま三日間をすごした。

心電図のモニターの波形で緑色の線が流れていく。線がよろけて進み方が鈍い。

胃を洗浄するチューブや、点滴用の管、痰を吸引するチューブなどが、体のそこらじゅうにつながれてた。

三日目になると、ようやくうっすらと目を開けた。

五日目に首を動かした。自分がどういう状態で病院にいるのかに気づいていない。

六日目に口をゆがめて「ごーっ」と唸り声をあげた。喉から胃へチューブが通っていて、下水管の音のようだった。

どうにか一命はとりとめた。

「とりあえずは回復したのね」

ヨシ子さんが安堵《あんど》の表情を見せた。

一週間後には首を左右に振って病室内を観察しはじめた。ノブちゃん、ここは府中病院ですよ。R園じゃない。医者がいるから安心して下さい。隣室にいる患者はノブちゃんよりずっと若く見えるが、ときよりウォーッと吠えた。廊下をはさんだ前の病室からは念仏のような老婆の唸り声が断続的に聞こえてきた。

都立府中病院は評判がよい完全看護の病院だ。この病棟は、生死のはざまにいる患者ばかりだから、三途の河原なのだ。

弟ふたりが駆けつけてきた。ノブちゃんはいつ死んでもおかしくない状態だが、みんな親の死に目に会える。

病院の南側は小さな山で、自然公園になっている。かつて山の斜面には横穴のトンネルが掘られ、防空壕になっていた。防空壕の前は一面のすすきの原っぱだった。

小学生のころは武蔵野の雑木林と丘陵が残っていたが、いまは防空壕の穴は塞がれて、原っぱは整地され、大きな癌病棟が建ち、雑木林は山の散歩道になった。

病棟の一階のエレベーターのボタンを押すと、うっかり地下二階に着いてしまった。寒い廊下がつづき、そのさきに霊安室があった。霊安室には見覚えのある老人の遺体が置かれ白い布がかけられていた。

隣室で吠えていた老人だった。その日、廊下をはさんで念仏をくりかえしていた老婆が死んだ。二日にひとりが死んでいく。ひとりが死を待っていたように別の遺体が入ってくる。

点滴の効果で、ノブちゃんの血色がいくぶんよくなった。腕に刺された点滴の注射針を自分でたびたび引き抜いてしまう。首すじから胃に入ったビニールのチューブも引き抜こうとした。

「元気が出た証拠だよ」

「でもチューブを引き抜いたらそれっきりだぜ」

「いいじゃないか。苦しむより、すぱっと死んだほうが楽だよ」

兄弟のあいだで言いあいになった。庭のネコヤナギが銀の穂をつけた。ネコヤナギの木は家を建てる前から自生していた。

五十年前はぼくの背と同じくらいだったのが、いつのまにか三メートルほどの高さになった。春をつげるネコヤナギの穂はノブちゃんが気に入っていた。

ヨシ子さんはネコヤナギの穂を折って、病室のベッド横に挿した。葉はまだ出ていないが楕円形の花穂は小さな莟《つぼみ》を銀色に包みこんでいる。そうだ、入院騒ぎですっかり忘れていた。三月二十五日はノブちゃんの誕生日で、八十七歳になる。

ノブちゃんはヨーグルトやリンゴジュースは飲めるようになった。缶入りのリンゴジュースを紙コップについでノブちゃんに手渡すと、

「いらん」

とつっ返した。

「オレンジジュースにしましょうか」

「いらん」

「お水がいいですか」

「ああ、水がいい」

ノブちゃんは急に威張り出した。

お、いいぞいいぞ。昔のノブちゃんに戻ってきた。威張ってこそ本来のノブちゃんになるんだ。しょんぼりしているノブちゃんなんて見たくもないもんなあ。

「ネコヤナギの穂なんて、どうでもいい」

「だってノブちゃんの句にあるじゃないの。わが庭に春にさきがけ猫柳って」

「たいした句じゃない」

ノブちゃんは緊急連絡用のブザーを押した。すぐ看護師が駆けつけてきた。

「こいつら、俺をからかっているんだ。ここにいる息子はね、一番悪いやつなんだ。親不孝者で不良だよ。言うことはきかないし、生意気だし、嘘をつくし……」

ノブちゃんがこんなしゃべるようになるとは思いもよらなかった。看護師は困った顔をしている。ヨシ子さんが「なんでそんなこと言うの」とたしなめると「おまえは黙ってろ」と声を荒らげた。怒りかたが尋常ではなかった。

「甘やかすから、ひどい子に育ったんだ」

頭がおかしくなったんじゃないだろうか。

ヨシ子さんはタオルでノブちゃんの額の汗を拭こうとした。

「さわるな」

とノブちゃんはその手をはねのけ、ヨシ子さんは泣きそうになった。

「もう、死ぬぞ」

ノブちゃんは目を閉じた。どうしてそんなに怒るんだよ。日に日に衰弱していって、死が迫ってくると、いらつくんだろうな。だけどね、ヨシ子さんが可哀想ですよ。これじゃあ、ヨシ子さんの身がもたない。

ぼくはノブちゃんに無言で語りかけた。

ノブちゃんの癇癪は、いまさら治るものではないし、ずーっと昔からこうだった。

ヨシ子さんは病室の奥の椅子で、肩を落として、しょんぼりしている。

「いいんだよ、これで……」

ヨシ子さんがぽつりと言った。

「名古屋のおじいさんも最後はこうでした。それまでは柔和でやさしくて、みんなに愛されている人だったのに。死ぬ三日前から、奥さんや子どもをぼろくそにけなしたから、みんなびっくりしたのよ」

ヨシ子さんは昔を思い出す遠い目つきになった。

「そのころは、私はまだ二十代だったけれども、よーく覚えている。まるで人が変わったように憎まれ口をきくの。聞くに堪えないような罵詈雑言《ばりぞうごん》を言うから、どうしちゃったのかと思った。あんなに温和だった人が急に嫌みな老人となって、あたり散らすなんて信じられなかった。そうしたら奥さんがこう言ったの」

ヨシ子さんは、声をひそめた。

「死んでから、みんなを悲しませないために、わざと憎まれ口をきくって。いい人で死ねば残された人は、いつまでもつらいでしょう。だから、わざと悪くなって、残された人が、死んでよかった、と思うようにふるまうんですって。そういう気の遣い方をするのよ」

唇を噛んだ。

ぼくは小学生のころは泣き虫だった。ちょっとしたことで、よく涙が出てくるのだった。そのときのノブちゃんの言葉を覚えている。

「男ってものは、親が死んだときしか泣かないもんだ。泣きたくなったら、親の死に目までとっておけ。涙をつかいはたしたら、親が死んだとき、泣けないだろう」

その翌日、気をとりなおした。

ノブちゃんを車椅子に乗せて、病院の廊下を散歩した。車椅子に点滴セットをくりつけて廊下を廻った。

窓から桜の花が見える。車椅子を押しながら、

「今日はエイプリルフールだよ」とノブちゃんに話しかけた。四月バカですよ。ひとつだけ嘘をついていい日なんですよ。

「おまえは嘘つきバカだからな」

ノブちゃんは、はいているスリッパを放り出して、裸足で廊下に足をのばし、立ち上がろうとした。

「嘘はいかん」

「わかりました」

「あざみの花は咲いてないだろうな。あざみの下に地雷が埋めてある」

ノブちゃんは戦地で地雷を踏んでふっとばされ、九死に一生を得た。

ふたりの弟が廊下の奥から歩いてきた。

「よう、父上。花見ですか」

マコトはノブちゃんに敬礼して、

「おともします」

と足並みをそろえた。後方からヨシ子さんがきて、ヨシ子さんをススムが支えた。

「前へ進め！」

ノブちゃんの号令にあわせて、病院の廊下をぐるぐると歩き廻った。その日はマコトが一晩、ノブちゃんの枕もとで夜伽《よとぎ》をした。

寝ているノブちゃんのベッドをのぞきこむと、カーテンごしの明りでノブちゃんの顔が白くなっている。

「年寄りの患者は夜に亡くなるのよね。隣室の人がそうだった」

とヨシ子さんが言った。

弟ふたりとつきそいの割りあて予定表を作った。時間割の表のようなものだ。点滴で血色がよくなり、体力が回復したぶん、別の心配事がふえた。

夕方、病室を出て、仕事の電話をかけにいったあいだに、ノブちゃんは点滴の針を引き抜いた。

思い出紙風船

夜、ノブちゃんの病室へ行くと、弟のマコトがいた。

「老人が死ぬときは、それまでの一生の総集編を見るんだって。小学生時代の記憶、中学、高校時代の思い出、結婚、戦争……」

「敗戦になって、復員してからマコトとススムが生まれたんだね」

「息子たちが結婚して家を出て、孫が生まれて、八十七歳までの出来ごとが、総集編となって頭の中をよぎるというよ」

それは大河ドラマの総集編みたいではなく、球体となるらしい。記憶が丸い立体形となって現れる。

だから、臨終のとき、横にいる人が、励ましたり、声をあげてはいけない。自分の生涯の総集編を見るんだからそっとしておく。お父さん、死なないで、なんて大声をだしてはいけない。

「わかりました」

ノブちゃん用に隠してあったポケットウイスキーを取り出して、マコトとらっぱ飲みした。

つぎの日はまた別の患者が死んだ。看護師長がきて「病人にしゃべらせるのはよくない」と言った。無理してしゃべろうとすると体力が落ちる。

ノブちゃんの書斎にあった分冊形式の薄い花図鑑を持っていった。薄い冊子の野生ヤブツバキの写真が掲載されている。ノブちゃんは椿の写真をぼんやりとながめ、手でこすった。

花を愛でるのではなく、図鑑印刷と紙を調べる手つきだった。紙の端をつまんで、パチンと音をたてた。これは紙の斤量《きんりょう》を調べる職人の手つきだった。

ノブちゃんと目があうと、口をへの字に曲げて目をそらし、病室の天井を見あげた。過ぎ去ったはるか昔の日を見る目であった。

ほとんど声が出ない。話そうとするとかすれた木枯しのような声がして、

「いままでありがとう」

と耳もとで言った。耳もかなり遠くなっている。ヨシ子さんはベッドの背を前に立てて、ノブちゃんの下着をとりかえはじめた。ノブちゃんは従順でされるがままになっている。

「ちょっと右手を押さえててよ」

ヨシ子さんが指図した。言われるまま、ノブちゃんの手をつかんだり、足をあげたり

して、すべて新しい下着にとりかえた。

それが終わるとリンゴジュースを紙コップにつぎ、ノブちゃんに飲ませた。

「あとは休んでてね」

そうか。ヨシ子さんは、ノブちゃんとふたりだけの時間をすごしたいのだ。

ノブちゃんの指さきや腕は黄ばみかけているのに顔だけが白い。

「今夜は私がつきそうから、家に帰っていていいわよ」

ヨシ子さんはノブちゃんと過ごしたいのだ。そのために夕食用の稲荷寿司弁当を持ってきた。いつのまにかノブちゃんは眠りはじめた。

そっと病室を抜け出し、裏の丘陵の小道へ入った。空が曇りだして、暗い雲がたれこめた。ヨシ子さんは、ひとりでノブちゃんを見送ろうとしているように感じられた。

黒い雲はますます濃くなって、空一面を埋めつくしていた。

家に帰ると、ノブちゃんがまだ寝つけないでいるのではないか、と不安になった。

病室を出るとき、ノブちゃんは眠るふりをしていたのだ。目をつぶったまま、一心に自分の記憶のなかに閉じこもろうとしているように見えた。

ヨシ子さんだって八十一歳だ。一晩中病室の硬いソファーで看病しているのは体力的にきついだろう。

そろそろ、ヨシ子さんを連れ戻しに行かなきゃ。府中病院は完全看護だから、本来ならつきそい人が泊まったりしてはいけない。

病室に入ると、ノブちゃんは背を丸めてぐったりと眠っていた。ヨシ子さんもソファーの上で半分口を開けたまま眠っていた。

点滴をはずしたため、頬がいっそうこけて、くっきりと骨の輪郭が見えた。骸骨に薄皮一枚だけ貼りついている。

今夜あたり逝きそうだ。ヨシ子さんに目くばせすると、力なく、うなずいた。

ノブちゃんは、ベッドの上に両腕をあげてもがくように宙をつかんだ。宙に浮かぶふんわりとした球体をさわっている。手のひらで透明な紙風船をなでまわしている。

しっ、静かに。いままでの一生を見ているんだな。八十七歳の生涯が、いま、透明な紙風船となって、ノブちゃんの前に現れたのだ。指は細く、わずかに赤みを帯びてきた。

ヨシ子さんは、ベッドの横に座ってノブちゃんの肩に手をあてた。

ヨシ子さんが、細い声で、「お父さん、ありがとう」と言った。

すると、宙をつかんでいた手がとまり、ノブちゃんは目を開けた。夢からさめたように ヨシ子さんの顔をみて、わずかにほほえんだ。

「ありがとうね、お父さん」

ヨシ子さんの眼から涙が落ちた。

ヨシ子さんは、ノブちゃんの手を握って頬ずりした。

ぼくは唇を噛んだままベッドから離れて窓ぎわへ歩いていった。最期は、ヨシ子さんに手を握られて、夢みるように逝くのがいい。

ノブちゃんは眼をとじ、口を半びらきにしたまま逝った。看護師長が病室に入ってきた。つづいて医師が脈をとり、

「御臨終です」

と言った。四月三日午後十二時三十二分、と診断書に書き入れた。

遺体は地下の霊安室に運ばれ、その日のうちに自宅に戻った。

もぬけの殻

庭に臨む縁側のある和室に布団を敷き、白布で包んでノブちゃんの遺体を北枕にして寝かせた。枕元に線香と花を置いた。床の間にはノブちゃんの写真がかけてある。弟たちの家族がつめかけてきた。

葬儀社がきて打ちあわせをはじめる。通夜と告別式の日どり、火葬場手配、霊柩車、額リボン写真、喪章、寺手配、受付係、自家用車手配、生花、通夜料理手配、返礼品、斎場使用料、ときめられていく。式典料、寝棺料、旅立ちの儀、ドライアイス、葬具、火葬料、立看板、祭壇花、門灯花飾で二百万円。

「これでよろしいでしょうか」

と見積書を示されて、ヨシ子さんが「なんでそんなに高いんですか。互助会では積みたて金の六万円で全部すむという契約でしたけれど」

と言うと、

「互助会はつぶれたんです。それでその六万円を差し引いて百九十四万円ということでいかがですか」

ノブちゃんは「葬式はできるだけ質素にやれ」と言っていたが、質素にやるつもりでもこれだけ金がかかる。

府中病院を出るとき、四十三万円を支払った。三十四日間の入院費だったから予想していたよりも安くあがった。

高尾霊園のなかにある寺に仏式の葬儀を依頼した。ノブちゃんの本家の寺は浅草にあるが、末っ子のためにその墓へは入れない。霊園の寺は開創六百年になる曹洞宗の古刹である。葬儀社の営業マンが計算機のキイを叩き、

「戒名とお経料が百二十五万円。僧侶のお車料が四万円で計百二十九万円。支払いは当日現金手渡しです」

と耳もとでささやいた。

「あと、僧侶ひとりが五万円ですから、三人つけますか。それが十五万円です。通夜客の飲食代、三十万円。死亡記事が新聞に出ましたので、それくらいの見積りです」

同行してきた墓石会社の女性営業部員が洋風タイプと一般的縦長の和型墓石のカタロ

グを示した。八十万円の桜石からスウェーデン黒（二百四十万円）まであり、高級石は三百万円である。

焼香にきていた人が、「こりゃ高すぎるよ」と言った。

マコトの友人の石材輸入業者が、「ぼくのところではスウェーデン黒で、四十万円ですむ」と言うと、墓石屋の女性営業部員は、涼やかな声で、「霊園への持ちこみ料として六十万円いただいております」と言った。

玄関のチャイムが鳴って、見知らぬ人が、「御焼香させてください」と家に上がってきた。香典返し専門店で、ヨーロッパのブランド品を三割引きで提供しますと言って冊子を置いていった。

入れかわりに別の業者が来て、玄関へ線香の束とぶ厚い商品カタログを置き、そこには「ご会葬者へ心をこめたお礼」と記され「全品四割引」とシールが貼ってあった。こんなにお金の話ばかりになるとは思ってもみなかった。

玄関にジャンパーを着た五人組がきた。五人ともスニーカーをはき、ひとりはパンチパーマをかけていた。男のひとりが、

「お宅はねらわれていますよ。さきほどから偵察係がうろついている」

差し出された名刺には、「警察庁N市防犯係」と印刷されていた。

「こういうものです」

と警察手帳を出された。

「お宅は明日か明後日、確実に泥棒が入ります。新聞にお父上の通夜の時間と告別式の時間が記されていたでしょう。そのあいだは家が留守になる。そこをねらわれる。さきほどから二つのグループが偵察していました。中庭が死角になっていて、泥棒には絶好条件です。やつらを現行犯逮捕したいのでご協力願いたい」

刑事は声をひそめて、

「山猫団という大泥棒ですよ」

と言った。多摩一帯を荒しまわる窃盗団でこのところ活動を再開している。

そのため、家のなかのカーテンの裏か、納戸、書庫、応接間、と場所をきめて、数名の警察官が待ち伏せする。

「引出しを開けたところで一網打尽にします」

どきどきしてきた。どうしようかと迷っていると、刑事の話をきいていたススムが「お断りします」と言った。「いまはそういうことに協力できる状況ではありません」

刑事たちは残念そうにうなずいて、

「必ず泥棒がきますので、家にはどなたか留守番をおいてください」

そう言い残して帰っていった。家には息子の同級生五人が集まり、留守番をした。敷地内に二軒の家があるので二人組と三人組に分かれた。

通夜と告別式と二日間いてくれた息子の同級生が「おじさんが死んだと思った」と言った。玄関に忌中の貼り紙がしてあるので、てっきりぼくが死んだと思ったらしい。

火葬する直前、棺の上部の小さな窓を開け、ノブちゃんの顔を拝んだ。遺体を焼くあいだは控え室で待機する。

ぱちぱちと木が焼ける音。まず頭蓋骨が落ち、顎が焼け、背骨、ふしくれだった指が焼ける。頭のなかにドーンという音がした。

ヨシ子さんに威張ったノブちゃんが焼けていく。ぼくを殴った拳、近眼の目玉、ぶ厚かった胸、太い肩甲骨《けんこうこつ》、ウイスキーばかり飲んだ喉、戦地の記憶がつまった体、丸ごとすべて、焼けていく。

死んじゃったんだから熱くないよね。焼けるのは魂が去った脱けがらだ。焼き尽くせば白骨だけが残る。

歯がガチガチと音をたてた。指さきを噛むと、痛い。すくすくと生きている。そう思うのだが歯がきしむ。これは生きている証拠だ。

ごうごうと炎の音が聞こえる。

人は自分の死を体験することができない。死ぬことは、自分が死んだという判断を消滅させてしまう。死後の世界は、生きている人が予知するだけだ。浄土は、生きている人の脳にだけある。生きている人は「死者は天国へ行く」と信じている。信じている人のなかにだけ、浄土がある。

残された家族は「死者が天国へ行った」と信じるほうが心やすらかになる。焼けた肉体はもぬけの殻となる。

火葬が終わり、家族は焼き場へ案内された。

鉄板の上に、ノブちゃんの骨が転がっている。鉄の箸でひろい、骨壺に入れた。骨壺のなかに骨が入りきらず、上から箸で押してぎゅうぎゅうづめにした。

骨壺の下でカリン、と骨がくだける音がした。

小骨をひとつ食べると、わずかに苦く、炭に似た味だった。噛みきると、ほろっと崩れて、舌の上に西日の感触が残った。係員は手ぎわよく作業をつづけていく。ノブちゃんのつぎに火葬される遺体が待っている。

火葬場近くの小料理屋で、ノブちゃんの骨を上座に置いて昼食をとった。生きている人間は腹が減る。

ヨシ子さんはノブちゃんの遺骨の前に白いご飯を供えて、

「さ、お父さん、お昼ごはんですよ」

と声をかけた。

新盆の前日、ヨシ子さんが「これから私はどうなるのかしら」ぽつんと言った。

「どうなるって、これからすくすくと老いてくんですよ」

庭にヤグルマ草の花が咲いた。ヨシ子さんがまいた種が七センチほどの高さになり、紫色の花が咲いた。

風が吹いた。水をまくヨシ子さんの後ろ姿が黒い影となり、ノブちゃんの影と重なった。

「あしたは新盆入りです。マコトやススムは来るんでしょうね」

「言ってありますから」

「お父さんが帰ってくるんですよ」

ヨシ子さんが書いたメモどおり、スイカ、桃、バナナ、ブドウ、ミカン、さくらんぼ、オレンジ、リンゴを買っておいた。すべてがノブちゃんの好きな果物ばかりだ。

ホオズキ、盆ゴザ、ナス、キュウリ、蓮の葉、オガラ、ミソハギの花、箸、注連縄《しめなわ》なども揃えて盆棚に飾りつけた。干しシイタケ、コブ、巻きブリ、ソーメンもお供えした。

深夜、階下で変な声がした。ヨシ子さんの歌声だった。呆けはじめたのかなあ。いま、深夜一時ですよ。耳をすますと、サノヨイヨイと歌って、それで終わった。

翌朝、ヨシ子さんに、

「きのうの夜、なにか歌ってましたね」

と尋ねた。

「そうよ、淋しかったからひとりで歌ったよ。大声あげて歌ったら、すっきりして、すぐに眠ってしまった」

マコトとススムの家族がやってきた。

ヨシ子さんの故郷、静岡県中野町の臨済宗の流儀では、新盆には菩提寺住職が、スクーターに乗って僧衣をひらめかせて、タッタッタッと家までくる。そして供養経を唱えて、おじいちゃんの思い出話をして、弁当持って帰るしきたりだ。ヨシ子さんと一緒にノブちゃんの墓参りに行った。

新盆最後の夕方、送り火に点火すると、オガラはばちばちと音をたてて炎をあげ、朱色の芯を残してくすぶった。

その上をひとり三回またいだ。どういうわけがあるかわからぬが、ヨシ子さんの言う通りにやった。

新盆の白提灯は、単三電池で点灯するようにできており、白提灯が風に揺れると、ノブちゃんの霊魂が帰り仕度をはじめたようだった。ノブちゃん、もう一泊していけばいいのにねえ。

ビールを飲んでいたマコトが、ノブちゃんの声の真似をして、

「来年のお盆もまた来るよォー」

と言ってお化けの真似をした。ヨシ子さんは、

「バカなこと言うんじゃないよ」

とマコトの頭を叩いた。

2章　老いの流儀

老人の獣道

このところ私はNHKテレビに出演するようになった。「見ましたよ、嵐山さんのテレビ」と声をかけられる。二十年ほど前の「食は文学にあり」シリーズの再放送などである。「お若かったですなあ、あのころは……」となつかしがられる。還暦になったころ、先輩作家に会うたびに「いくつからビンボーになりましたか」と訊くと、「六十五歳」という人が多かった。「六十五歳になると、精力が衰え、体力が続かず、企画力、想像力、表現力が弱くなるのだ」と教えられた。たしかに六十四歳、六十五歳と少しずつ仕事の量が減っていき、収入は、五十歳のころの半分になった。

自由業者は退職金は出ないし、年金も少なく、生活するためにいつまでも働かなければいけない。野坂昭如《あきゆき》さんから「六十五歳すぎたら執筆依頼なんか来ねえぞ。覚悟しておけ」といわれて、その通りになった。

野坂さんは何人かの人気作家の名をあげ「人気なんてパタリと止まる。そりゃ厳しいもんだ」といった。

それでも「旅行記」の仕事がいくつかつづいて、しばらくは仕事になったが、「旅に出て三泊四日」で帰ってくるので「家出旅行記」だった。

そのころNHKテレビで人気があった「プロジェクトX」が再放送された。なつかしいなあ。この番組に出演するのが男の晴れ舞台だった。

「そのとき、高橋は考えた。もうあとへはひけない、と」とナレーションが入り、アナウンサーに「大変な御決断でしたね」とふられて、涙ぐんで、うなずく。

年老いた高橋が、ライトを浴びて出てきて、万感胸に迫る表情で、とつとつと語る。

「一億五千万円をリベート、じゃなかった協力金として別会社が受領したのですよ。この世はゲンナマという真心によって動くのです……（涙）」

あの番組がなくなってしまったので、男は何を目指せばいいかわからなくなりました。名番組の後釜として、「プロジェクト・ゴメン」をやってほしかった。

週に一度はテレビで会社幹部が謝罪している。消費期限切れの食品を売ったメーカーの社長、警察官の不祥事を詫びる県警本部長、政治家に裏金を渡したゼネコン社長、イジメで自殺した子が出た学校の校長、公害訴訟で負けた省庁の親分、みなさん謝っている。

謝り方に組織の格が出る。一番よくないのは「自分は当事者ではないが、立場上頭を下げるのだ」という気持ちで、それが見えると逆効果になる。

謝罪会見はテレビカメラにむかって謝っている。カメラのむこうに世間がいることがわかっていても、油断して詫び方が雑になると、すきができる。責任者が頭を下げるのにあわせて、並んだ幹部が一斉に頭を下げる。

そのとき、頭の下げ方が揃っていないといけない。ひとり遅れると、見ているほうが「ダラケておるな」と腹を立てる。

三人にひとりは皺だらけのヨボヨボ老人がいると効果的である。

謝罪の言葉、表情、風格、哀切感、頭を下げる角度（四十五度）、言葉づかい、眼鏡、ネクタイの色なども重要だ。

涙の謝罪は、そのときはうけても、すぐボロが出る。謝罪会見で視聴者を感動させてはいけない。ケムに巻くのはもっといけない。

人様の前で謝罪するのは、社会的名声が高い人でないと世間はスッキリしない。ただ

「ごめんなさい」と謝るのは芸がないから、広報部や弁護士が念には念を入れて工夫した文面を作る。

社長が謝罪し、副社長、専務取締役（女性）、常務取締役二人の計五人が理想的パターンである。

NHKが各月の名謝罪会見を選出して、各月の謝罪大賞を決める。ぶっちゃけた話、謝罪ショーである。教育ママが、子に「テレビで謝罪会見するような立派な人になりなさい」と激励する。「うちのおじい様はテレビで三回も謝ったんですよ」。

老いの流儀十カ条

で、六十五歳のとき、

①老人の獣道をゆく（もともとの路線）
②ゲーム感覚の人生（行きあたりばったり）
③消耗品としての体（ケガしないように）

④弁解せず（面倒だ）
⑤放浪の夢（廃墟願望）
⑥議論せず（時間の無駄）
⑦時の流れに身をゆだねて（チャランポラン）
⑧いらだって生きる（悟らない）
⑨孤立を恐れず（自分本位の意地）
⑩スキのある服装（ヨレヨレ）

の十カ条をきめた。

ジゴロのホストクラブのあんちゃんみたいな高級服は着るな。北国の網元がぞろっとはおっているような着物がサマになる。村長が着ている着物の下からラクダのモモヒキが見えているほうがいい。

どっちみちポンコツなんだから、せめて生きているうちは老人の獣道をいこうじゃないか。

サラリーマン時代に自分を抑えてきた反動で、フリーになると、怖いもの知らずになった。そんなとき、業界の先輩が「夜の電車に乗ってはいけない」と忠告してくれた。酔客にからまれるからである。ひどくからまれれば、ケンカになる。酔客を蹴ると新聞記事となり、恥をかく。

で、夜はタクシーに乗り、世間が見えなくなる。それが十五年つづいた。

いまは夜の電車に乗るようになった。テレビに出ないから、メンがわれずにすむ。ただし、デパ地下食品売り場をドスドス歩くおばさんは怖いので近づかない。

新型コロナウイルスが流行していた間は、マスクして帽子をかぶって覆面じじいだ。電車に乗ろうとしたら自動改札機が故障して、スイカを使わずに通りぬけた。しめしめ、ただ乗りできるぞと思って飯田橋で降りようとすると、改札口から出られなくなった。いつのまにか復旧していて、出口がパタンと閉まって動かない。無人の改札口にスイカされた。漢字で誰何と書く。

警察官に「なにをしておるか」とスイカされた気分。それがスイカの語源か、とつまらぬことに気がついた。

数字没頭シンドローム

山のてっぺんにある寺へむかって長い石段を登りながら、呪文を唱えた。神仏混淆の古刹ですよ。

市兄山死語録、七蜂苦渋……たねをあかせば、イチニイサンシ、ゴーロクシチハチ、クージュウ、と数えている。

百段登ってもまだ終わらない。ヒャクイチ、ヒャクニ、ヒャクサン、とお経みたいに声を出してニヒャク段、息が切れてきた。ニヒャクイチ、ニヒャクニ、ニヒャクサン、はーはー。

大きく息を吸って、膝に手をあてて登っていくと、五百羅漢の石像が並んでいて、ゴヒャクイチ、ゴヒャクニ……。はるか下に海峡が広がり、漁船が見えた。

船を数えはじめると十一艘。定置網を巻きあげる船団であった。カモメの群れが船上を飛んでいく。カモメはじつは獰猛で、定置網にかかった魚をねらって波間に突っこんだ。くちばしに咥えたのはカタクチイワシで、定置網で捕るのは鰤《ぶり》だから漁師は気にしない。

　雲がちぎれて動く。イチニイサンと数えながら、わけもわからずいらだつうち、あらま、石段をいくつ登ってきたか、こんがらがって、わからない。集中力散漫である。

　いつからなんでも数えるようになったんだろうか。小学生のころから、目についたものを数えるくせがついた。

〽もういくつ寝るとお正月、という唱歌があって、九月になると〽早く来い来いお正月、と歌っていた。数える本能みたいなものが、脳内に宿ってしまった。

　中学の期末試験は百点満点方式で、だいたい六十五点から七十三点ぐらいだったが、気前のいい先生が「だれでもできる問題」を出してくれて全問正解となり、答案用紙の右上に赤ペンで、１００!!!と記されると嬉しかった。

　小一のころ爺ちゃんと風呂に入るとき「百まで数えなさい」と言われ、声を出して数えるうちに五十あたりから早口になり、ゴジュウイチ、ゴジニ、ゴサ、ゴシ、ゴゴ、ゴロ、ゴビ、ゴハ、ハ、クション、ヒャク、で飛び出した。

「デブデブ百貫デブ、おまえの母ちゃんデベソ」というのが小学生の悪口の定番だった。

人に言われると、自分でも言いたくなり、弱そうな子にむかって言うと気がすんだ。

母親に連れられて銭湯に行ったとき、デベソかどうかへそを覗いたら「なに見てんの、バカタレ」とひっぱたかれた。百という数字が価値の目安となった。

百発百中、百貨店、百獣の王（他の九十九獣とはなにか）、議論百出、お百度参り、百日咳、百人一首、百万遍（京都百萬遍知恩寺の愛称）、百日草（ほこりっぽい花）、百聞は一見に如かず、百戦錬磨、百害（あって一利なし）、百物語、百年の恋。いろんな百がある。

百の上の単位は千で、「指切りげんまん」で約束して、「嘘ついたら針千本飲ーます」というフレーズがあった。針千本といえば大変な数ですよ、一本でも痛いのに千本飲まされるなんて、想像しただけで悶絶した。

ハリセンボンというフグの仲間がいて、こいつも怖いが、針万本になるとケタが多すぎて、イメージがわかなかった。

百も承知は百%知っていることで、千も承知とは言わない。百にひとつは一%のことで限りなくゼロに等しい。だけど「百一%出馬しない」と発言していたのに出馬して当選する知事が出て、はじめから嘘をついていた。そのため、千にひとつ、万にひとつ、が出廻った。

八十歳から八十が一単位

歩数計はその典型で、町内のシューちゃんは、一日一万歩歩いている。

中央線国立駅から自宅までは徒歩十二分だったが、七歳になってからは十五分かかる。何歩になるかを数えるのだが、信号機で立ち止まり（およそ二十秒で赤が緑になる）、舗道の石を数え、床屋のおやじと話したりして、わからなくなる。電気屋の角を曲がってからは二百五十歩である。

シューちゃんはスマホの歩数計を使い、「今日はまだ六千歩だ」とブツブツ言いながら、町内を周遊している。千歩計じゃないからね。

「百年の孤独」は焼酎名だが、もとはガルシア＝マルケスの小説で、架空の共同体マコンドの年代記である。「百代の過客」は芭蕉『おくのほそ道』の巻頭だが、もとは李白の詩「光陰は百代の過客」である。「ここで会ったが百年目」はすでに時効だけどね。

還暦になったとき、記念に、六十という単位を行動の基準とした。息を止められるのは六十秒（の水中に潜る時間と同じ）で、ガマンする稽古である。

電車のなかで尿意を催したときは息をとめて六十秒こらえる。無念無想でくり返すうちに尿意は去るが、第四波、第五波とくるから唇を噛んでやりすごす。そうこうするうち駅に着くが、階段をゆっくり降りていく。イーチ、ニーイ、サーン、シー、転ばないように手すりをつかんでゴー、ゆっくりと降りる。

一階に着くと、トイレまでは九・五メートルある。ここで油断すると、これまでの耐久レースが無駄になる。ゆらり、ゆっくり、能役者みたいにすり足で進み、トイレ入口に着いたときが最大の危機だ。肩の力を抜いて周囲を見廻すと、後期高齢者が修行僧のように並んでいる。百日の説法屁一つ、油断せずに瞑想にふける。

中高生のころ日本人の平泳ぎ世界チャンピオンがいた。水中に飛びこんでから潜りっぱなし、なかなか水面の上に出てこない。中継するアナウンサーが、「まだ潜ったまま、潜る、潜る、モーグル」と絶叫していた。この泳法は世界新ルールで禁止されて、ひどくくやしい思いをした。

脈をとったら、一分間で七十回だった。左手首を右指で押さえると、静脈が浮き出て、岩山を流れる川のようだ。トクトクトク。七十回数えてから指をはなした。

八十歳になってから、八十を一単位の基準とした。

腹が立っても八十秒間ガマンする。精神のストップウォッチ。三十秒で気が収まって途中で忘れる。

やってみると八十という数はけっこう長くて、息が切れる。意を決して八十の第一周コーナーにさしかかった。

しのぐ時間

「暦の上では」という言い方をするのは、人間が本心ではグレゴリオ暦なんぞを信じていないからだ。地球が太陽の周囲を一回転する三六五日目を一年と定め、基本的には四年ごとに閏《うるう》日を一日置いて調整する。

地球を観察運営するシステムが暦で、動物や植物はそんなことには関係なく生存している。二〇二二年はコロナウイルスの地球規模での蔓延がつづき、多くの死者を出した。運よく生きのびた人間が新年をむかえる。私は五回目のコロナワクチンを接種した夜、楢の枯れ枝ごしに冬月を見た。寒月にかかる枝が風にゆれ、冬の星はらんらんと輝き、天空が銀色のソロバンをはじいているように見えた。

深夜二時に南天を仰ぐと銀河の下に天狼（シリウス）が見えた。冬空で最も明るい恒星で、中国名を天狼星という。「狼の星」ですよ。古代の人はこの星が現れると大河の氾濫になると恐れおののいた。

楢の枯れ枝から透明の糸がさがっている。目をこらすと蜘蛛の糸だった。蜘蛛の糸の網がちぎれて枝と枝とのあいだをつないでいる。蜘蛛が死んでも網の糸は残った。やたらと寒波がきて、くるたびに日本列島が細くなっていく気がする。寒波が怒濤となってザップーンと襲いかかり、日本列島を削っていく。コロナが収まればインフルエンザだ。どうしたらいいか。しのぐしかない。

しのぐとは困難な状況と闘って、それをのりこえる意志。耐え忍び、我慢することである。

雨露をしのぐ。飢えをしのぐ。貧乏をしのぐ。不運をしのぐ。

人間が一番始末におえないのは「いま、自分に必要でないような幸運がきたとき」だ。新規事業があたって大儲けした人、若くして閣僚になった政治家、新横綱、大スター芸能人、ベストセラー作家、あるいは宝くじで三億円当選した人。

人生で連勝しているときが一番危ない。連勝したぶんのツケがまわってくる。そんなに極端でなくても、幸運のあとには不運がくる。八十歳をすぎれば、幸運と不運はチャラになる（ようにできている）。

経営者として成功した人は「いいこともあった」が「いやなことも多くあった」と述懐する。「いいことはちょっとしかなかった」が「いやなこともちょっとしかなかった」という人もいる。

プロの雀士《ジャンし》が元旦に集まって初打ちをする。恒例の余興で「その年に死ぬと思う人」の名を十名書いておく。

六十歳以上はオミット、知り合いもいかん、病気になったやつもだめ、知名度が高い人で、まさかと思う人物の名を書いて、現金十万円と一緒に密封しておき、翌年元旦に開封し、あてたやつが総取りする。だから、ある年の力道山なんてのがあたっちゃう。人間の生死というのは本質的には博打と同じセオリーですからね。

博打では、プロ同士の勝負で勝っているやつが歓迎される。勢いや気負いがあるだけに、穴へ落ちこむときに大負けを引っぱりこむので、そのチャンスをみんなねらっている。

相手を殺そうと思ってお世辞をいったり、ヨイショして待っている。

負けの中に忍ぶ運気

私は三年前、不運がつづいた。新幹線のプラットホームで転倒して右膝頭を打った。その年の二月は喘息の発作で呼吸困難となり、胸がひゅうひゅうと鳴った。三月は胃潰瘍の下血で緊急入院した。五月は硬膜下血腫で頭蓋骨に穴を開けて血を抜いた。目はかすみ、耳は難聴、意識朦朧、ロレツは回らず、じわじわと老化が進んでいく。体力の劣化を実感した。

私の様子を見かねたプロの雀士は「辛抱に中毒しちゃいけない。負けかたのコツが大切で、柔道の受け身みたいなものを体得しておくのがよろしい」と言った。

そういった訓練はピンチに落ちこむたびに実践してきた。転んだときは、痛みに耐えつつも、地べたの感触を体感して、地上七センチからの景色を見届けた。病院のストレッチャーに乗せられて、集中治療室へガラガラと運ばれるときも、薄目をあけて通路やエレベーターの天井を観察した。

強い人は、トータルで平均的に勝つ。全勝できないが全敗もしない。人に見えている部分は氷山の一角で、氷山の下が課題になってくる。

政財界のスキャンダルで失敗する人は、水面下に潜む化け物が暴かれる。生き残る人はえたいが知れない魔物を飼いならす術を持っていて、魔物が反乱しないように手なずける。それが辛抱である。ふだんから致命的な不運にならないように、平凡な負け星がつづいているあたりがいい。

油断してダラダラ過ごしている人は運とは縁がない。幸運は呼びこむものではなく、流れを見さだめて、運気と合体してつかむ。運が悪いときはしのぐしかない。勝ちでも負けでもない「しのぐ時間」が重要である。

二〇二二年は、「しのぐ時代」だった。辛抱しつつ「しのぐ時間」で、しのぎつつ休場はしない。

運気は「負けている」あとにやってくる。「負けの日」がつづいていくうち、いい運の気配があったら、全力でずばっとつかみとる。

私が住む国立市には富士見通りがあり、元旦には初富士が見える。昨年、富士見通りにできたビルが富士山を見えなくすることがわかり完成後に解体されることになった。

元旦とは一月一日（元日）の午前をさす。若いころは下駄をはいて富士見通りを歩いてから雑煮を食べた。「年齢のぶんの餅」を食べたが、年をとったので、そんなに食べられない。

注連飾は植木屋が持ってきたのを玄関のドアに飾ったが、それも昔のことで、いまはスーパーで売っている掛飾りですましている。注連飾は「占有している清浄な地域（自宅）」を示す縄張りで、魔除けである。

注連飾のついでに小さな鏡餅も買った。真空パックされた紅白の丸餅は神や祖霊に供える餅である。雑煮だけでなく、丸餅を食べることで「生命力の更新」をはかる。障子窓から、すじかいに初日がさしこんでくる。いい運気がきますように。

星のおじいさま

いままで死にそうになったことが六回ある。五歳のとき、腸閉塞になって、病院へ運ばれた。

医者に向かって「殺してくれ」と叫んだと父から聞いた。臆病者の私がそんなことを言うとは信じられなかった。

医者は「死ぬことがわかっている患者を手術するのはいやだ」と断り、父が「死んでもいいから手術してくれ」と懇願した、と、あとから聞かされた。手術の傷がケロイドになって腹にのこっている。

二回目は小学校二年の夏休み、天竜川下流の深みにはまって流された。足がつって溺流にのまれ、水中に落ちこんで死にそうになった。その五秒後に、水中から大きな手でポーンと腰を押されると、足がつく岩場に立っていた。周囲を見渡すと、人はいない。母方の爺ちゃんが助けてくれた、と直感した。

三回目はブラジルのアマゾン河口で、乗っていた小舟が沈んだ。荷物を海中に放り出し、ひっくり返った舟の縁《へり》につかまって一命をとりとめた。ピラニアの大群に腹と足と首をつつかれたが危うく生還した。

吐血して救急車で病院へ運ばれた。イラクの軍用道路で乗ったジープが砂漠へ転落した。モトクロスのレースでバイクが転倒など危機一髪で命びろいしたシーンが茫漠と記憶に残っている。この世は、いま、この瞬間も、死と隣り合わせにいるのです。

あんまり散歩をしすぎたため腰を痛めてしまった。東京に雪が降った日は、ガラス戸越しに寒気が腰にしみこんできて、家の中を歩くと膝がズキズキ痛んだ。雪がつもった庭を見つめ、わが身が「この世のおぼつかない漂流物」のような気になった。小さな飛行機が飛んでいく。眉の上に手をかざして、『夜間飛行』(郵便飛行)を書いたサン＝テグジュペリを思い出した。『星の王子さま』が「星のおじいさま」になっちゃった。

サン＝テグジュペリは名門貴族の後裔としてフランスのリヨンに生まれた。一九三五年にエール・フランス社のためにパリ＝サイゴン間の試験飛行を試みるが、リビア砂漠に不時着した。隊商に救われて一命をとりとめた。このときより、英雄主義から脱却し、人間と自然のむすびつきを課題として、深く瞑想する日々を過ごした。

第二次大戦では、搭乗不適齢であったのに軍用機パイロットを志願し、一九四四年七月、地中海沿岸偵察飛行に出たまま帰らぬ人となった。ドイツ軍に撃墜されたのか、それとも事故死か不明のままだ。この世は、「心でしかよく見えない。本質的なものは目には見えないんだよ」（『星の王子さま』）。

「本質的なもの」とは、人間と自然の関係である。「庭師と庭」「農夫と畑」「祖国と僚友」、共通の目的によって結ばれる関係である。

この世は紙芝居

夕日が大学通りの時計台の後方へ落ちていくのを見ながら、わが身がこの世のおぼつかない漂流物とも思え、じつは死んでいるのではないか、と考えたりする。散歩をしている「いま」は「あの世」を生きているのではないか。「老後」を生きているのではなく、すでに「死後の世界」にいて、それを現世と思っているだけかもしれない。

透明な二月の回転ドアがぐるりと廻ると、超現実の世界が現れ、それが「あの世」だ。八十歳ぐらいで死んだのに、気づいていない。なぜなら人間は自分の死を体感できないからだ。「死」とは「自分が死んだことを自覚できない」状態で、それに気がつかず、「あの世」を徘徊している。涅槃《ねはん》の世界（彼岸《ひがん》）にいながら此岸《しがん》（現世）と薄皮一枚の宇宙を漂流している。現世は十七枚ほどの紙芝居であって、一枚めくるとつぎの世界が現れ、二枚三枚四枚五枚と物語が展開する。

紙芝居屋のおじさんは天からの使者、つまりエンジェル（天使）で、永劫回帰する宇宙の弁士なのだよ。だからタダ見をしてはいけない。水飴を買って、御布施とする。エンジェルだって、生活費を稼がなければならない。紙芝居が十七枚だとすると、いまの私は何枚目にいるのかな。十三枚目が終わって、今年の後半から十四枚目が始まる、という気がする。

十四枚目は、歩く速度を三分の一に落とす。いままでのように前のめりでせわしく歩かず、うしろから追いぬいたりしない。歩調をゆるめると脳につたわり、記憶が甦って、JR南武線の踏切の警報が、カンカン鳴る音に聞きほれ、遮断機が下りてくる風情は十四枚目の景観だろう。

赤瀬川原平氏の散歩は細い路地でたち止まり、ゆるりと左右を見渡した。路上観察学の極意だろうが、路上にひそむ不可解なるアート（天然の現場）捜査といった気配だった。夕日が落ちかかって、グレーの雲が茜色に変わっていく時間に身をうずめる。自分の体がこの世のおぼつかない漂流物のような気になる。

大切なのは時間に身をゆだねることだ。南武線谷保《やほ》駅のものさびしい昼下がりの匂いは、この上なく心を慰めてくれる。

蒸発者は、妄想の迷路へ足をふみこんだ人たちである。未知へ向かうがじつは後退し、身を潜める場所はすぐそこにある。昼間から公園や裏通りを歩いている老人は、時代の迷子なのですよ。

ひまな年寄りが多いのは、江戸時代から日本の伝統である。律義で通した人、傷だらけで退職した与力、粋な俳諧の宗匠、放蕩しつくした老舗の旦那、落ちぶれた歌舞伎役者、用心棒をしている力士、女房に逃げられた吝嗇《けち》な亭主、鼻毛をぬく古着屋の若主人、とその風体はさまざまだが、しぶとく生きている。

出会う景色は記憶に残るムカシである。早くムカシになればいい。出来たての近代ビルも、完成したときからムカシになる。出来たとたんにムカシへ向けて朽ちていく。葉が散った銀杏の枝ごしに空を見ると、妙にすっきりして、ゆっくり深呼吸した。

サン＝テグジュペリは空軍少佐として祖国解放戦に参加したが、飛行機操縦の腕前は、「あまりうまくなかった」と旧友が証言している。「放心癖が強く、パイロットとしては難がある」人だったという。

八十五歳のひとり暮らし、さすが!

池袋コミュニティ・カレッジの講座で、セッちゃんこと田村セツコさんと公開歓談会をした。セッちゃんとは四十年来のつきあいで、私はちょっとだけ年下だ。「年上のお姉さん」は男子校生憧れの的で、美少年の下級生を見つけて、「ねえねえ、お姉さんいますか?」と訊き、「います」と頷かれると、親切に対応して、「こんど、紹介してちょうだいね」と頼んだ。

高校二年のとき、後輩の井上君がお姉さんの写真を見せてくれた。国立音大附属高校に通学する姉さんで、シンデレラ姫みたいな美人でセッちゃんにそっくりだった。

セツコさまは女性イラストレーターの先駆けで、「カワイイ」かぐや姫が天から降ってきた。一九五八年のデビューから六十七年がたちまして、「ステキなおばあさん」として活躍しています。その秘密はどこにあるのでしょうか。

一九六〇年代は「少女ブック」「りぼん」「なかよし」「マーガレット」の表紙や「おしゃれページ」で活躍し、文具や小物など〝セツコ・グッズ〟で一世をフービした。

二〇二二年八月に『白髪の国のアリス』を刊行したときは、神田神保町にある北沢書店のブックハウスカフェ・ギャラリーで講演会を開催した。

ブックハウスカフェは児童書専門店で、書店のなかにカフェがあり、NHKテレビで紹介されたこともあって全国から客がくる。

『白髪の国のアリス』となったセッちゃんが「紙とえんぴつ♡健康法」を伝授するというので私も勝手にかけつけた。まずは絵日記をかくこと。会場はセツコファンで満員でした。「大人になっても、紙とえんぴつさえあれば、絵日記をかく」流儀。

全編、♡月☆日で始まる。すべてのおばあさんが魔法使いとなる力があり、その術を使わないことはもったいない。

……あなたも年をとればわかるわ、キット。認知症で、あんまり悲しまないで。はげまさないで、叱らないで。おねがい、ニコニコしてくれない？

年老いた親が、何か思い出話とか気になる考えをつぶやいたときは、ぜひ、小さな声でやさしく耳もとで「さすが」とささやいてください。これは、とても短い言葉ですが、「しっかりして」などより、キキメのある、あたたかく甘い、お薬みたいです。よろしく。

二月十二日「セツコ＋嵐山の『ワンダーランド歓談』」とあいなった。

セッちゃんは自分の体内に少女を下宿させている。イメージする力が栄養分となって、実像も少女化して、自分が描く少女キャラに乗り移る。HAPPYちゃんは、セッちゃんが生んだキャラのなかで一番長生きした。

頭に大きなリボンをつけ、丸めがね、模様の違うカラータイツをはいてエプロンをつけている。Ｂ型、水がめ座、趣味は月夜の散歩。ひみつの料理、ひみつの香水、大好きなものは、あなたのおたより、フルーツゼリー、ばら水、熱帯魚、小さな虫。いろんな箱をとっておき、シールやグラビアの切り抜きを貼りつける。永遠少女再生マシーンなのです。

セッちゃんの一日が家の中の写真と文章ではじまります。

朝は三時半に起きる。目覚まし時計はない。

「あ、三時半だ。うれしい、まだ眠れる」と思って目を閉じる。きちんと起きるのは六時半。お湯をわかして、日本茶か紅茶、コーヒーのどれかを、のろのろと淹れる。

それからテレビかラジオのスイッチを入れる。よく知ってるアナウンサーがしゃべっているのですごく嬉しくなる。

「ポトン」と音がして、ポストに新聞が入る。朝と夕方に来てくれる家庭教師。常識のない「わたし」に世間を教えてくれる。わ、鳥が鳴いている、虫の声もかわいい。

仕事部屋には、手作りグッズとか、雑貨や筆やメモがいっぱい。本棚に人形。人が踏んで潰した缶とか、ダンボールのかけら。町で拾った美術文化財ですね。

セッちゃんの母は何年か前、九十五歳で亡くなった。毎日、亡くなった父、母、ひろこさん、ふじおちゃん、ふさこさん……と思い出す人の名前を声に出してお祈りする。出かける前に、声をかけて「では行ってまいります」と挨拶する。

アドリブで食事をつくる。玉ねぎが大好きなので、スライスしたものをいつも冷蔵庫に入れておく。卵にジャコやナッツを混ぜてオムレツを作る。その朝食の写真も出てきて、迫力ありますよ。

外食して食べ残したときは持ち帰る。料理は白衣を着て、医者の気分で手早く作る。お酒もほどほど。粗食が好き。長生きして体が丈夫なのは親のＤＮＡの遺伝だから「丈夫な骨をありがとう」って感じ。

着るものはありあわせ。原宿には古着の店が多いから五百円ぐらいで上着を買ったりする。

古着は気味が悪いという人がいるが、誰が着たかもわからないものを着るのが好き。バトンタッチ。

家に泥棒が入ってきたら「まあ、お茶でも飲みなさい」と言って「もうちょっとお金持ちの家を狙わないとダメよ、勘を働かさないと」と励まして、少しお小遣いをあげて帰って貰うんだって。

お母さんが呆けて、娘さんが「ちゃんとやりなさいよ！」と叱りつけているのをみて「どなっちゃだめ。お母さんはウンコ投げたりして仕返ししますよ」と言った。

子どもは親に褒められて育ったけれど、親は子どもに褒められるチャンスなんてなかったのよ。わたしは、うちの母を褒めまくってきたわ。

「暗がりの弁当」、「空漠の弁当」

三十八歳で会社をやめたとき、山本周五郎の本ばかりを読んで過ごした。私は仕事一途の編集者として働き、波乱ぶくみながら順風満帆の日々だったので、山本周五郎を読む余裕がなかった。会社をやめたおかげで、新潮文庫で五十冊以上読んでしまった。

山本周五郎という筆名は、十三歳で奉公に出た質屋店主の名で、本名は清水三十六《さとむ》という。山梨県初狩村（現大月市）に生まれ、家運が傾き、山本質店に住みこんで英語学校や簿記学校へ通った。大正十五年（二十三歳）、「文藝春秋」に第一作「須磨寺附近」の原稿を投函するとき、住所氏名欄に「木挽町《こびきちょう》山本周五郎方、清水三十六」と書いたところ、係の編集者が作者山本周五郎として発表してしまった。以後、育ての親の名を筆名としたところに周五郎の周五郎たる所以《ゆえん》がある。筆名からしてドラマがはじまっていた。

私が好きだったのは「人情裏長屋」の浪人の子育て物語だ。この話は折箸蘭亭（俺ハ知ランデー）という筆名。

同じ文庫本に収録の「麦藁帽子」は、老人が恋人の少女から貰ったと信じている麦藁帽子にまつわる話で、読了後は涙がボロボロ出てとまらなかった。この話は晩年の傑作『青べか物語』につながっていく。

周五郎の小説には庶民へのあたたかな目差《まなざ》しがあり、日のあたらぬ吹き溜りに身をよせる人情話にズンと胸をつかれる。

そのあとは気持ちがすっきりとして、幸せな気分になる。泣かせどころをキュッとおさえてピリッと辛い。文章が自然体で、どの話にも伏線と仕掛けがある。

「菊月夜」は、許嫁《いいなずけ》・小房の父が狂死して小房の家族が追放されるという運命にあった主人公が、事件の真相をさぐり、小房嬢と劇的に再会する。ハラハラしながら読みすすみ、二転三転して、最後はめでたい菊月夜となる。終わりの一行を読みおえて拍手、拍手、大拍手。「がんばろうね」と声を出した。

こういった短編集には甘みと苦みがブレンドされ、失業して「さて、これからどうやって生きていこうか」と思案にくれていた私は、野原に寝ころんで読み、はっと胸をつかれて座り直し、そうか、これでいいんだ、とはげまされた。短編は一編を三十分くらいで読める。旅に出るときは短編集の文庫本を一冊持っていくといい。

いわゆる純文学とは違うけれども、純文学作家のなかに周五郎ファンがいて、堀辰雄がそのひとりだった。『風立ちぬ』の作家が周五郎ファンとは意外だが、軽井沢純愛小説は周五郎の夫婦小説に通じるこまやかな情がある。堀辰雄は周五郎より一歳下だった。

四十歳で直木賞に推されたのに意地っぱりだから辞退した。代表作『樅《もみ》ノ木は残った』は五十一歳から五十五歳まで四年間かけて書きあげた。伊達騒動（寛文事件）で悪玉とされていた原田甲斐を「せいいっぱいに生きぬく功臣」として評価しなおした。『青べか物語』は五十七歳のときの円熟した作品である。

周五郎の小説は綿密な構成が練られ、テンポがよく、意外な展開とすっきりとした結末が用意周到である。周五郎の小説に出てくる台詞がいい。

「人間の一生には晴れた日も嵐の日もあります。どんなに苦しい悲惨な状態も、そのまま永久に続くということはありません」(「人情裏長屋」)「にんげん生きているうちは、終りということはないんだな」(「おさん」)「愛と裏切りとは双生児だと云います」(「偸盗」)「不愉快なことが起ったらこう思え、いい気持だ、なにも不平はないじゃないか、ああさばさばした気持だ……こう三週云ってみろ」(「武道用心記」)といったような殺し文が出てくる。これだけを取り出すと格言みたいだが、ストーリーの展開のなかでこういった台詞が、しみじみと心にはまるのだった。

周五郎は、つねに弱い者の側に立って小説を書いた。そこに共通するのは、人間が生きていくことへの肯定である。それが読者の心をゆさぶりいまなお多くのファンがいる理由だろう。

その周五郎がアドルムを常用していたと知って私は愕然とした。アドルムは坂口安吾が常用して睡眠薬中毒となった無頼派御用達のヨクナイ錠剤である。

アドルムを常用したのは新聞や雑誌の連載をしていた絶頂期である。アドルム中毒になることを恐れたきん夫人が心配すると、周五郎は「大丈夫だ。自分の精神を制御できる者は、薬の中毒にはならない。薬やアルコールに飲まれてしまうような、心の弱い者が中毒患者になるのだ」と言った。

坂口安吾さんは二十錠で致死量に達するアドルムを五十錠も飲んだ。安吾同様、体力剛健だった周五郎はかなりの量の酒を飲んだと思われる。周五郎は、客がくると茶のかわりにビールや水割りウイスキーを出した。

周五郎は下積みが長かった。二十代は生活のため娯楽小説を書きちらし、原稿料は前借りか現金引き換えだった。なんにでも反論をいう性向は、尾崎士郎より「曲軒」とあだなをつけられたほどだ。お上が嫌いで園遊会には出席しない。

五十一歳より自宅から停車場三つはなれた仕事場で、自炊独居していた。起床は朝三時、就寝は夜八時と決まっていた。

映画好きで、場末の二番館や名画座を好んだ。昼の映画館で、カバンのなかから弁当を出す客がいた。館内が暗くなるのを待って、ひそかに弁当をひらく紳士たちを見た。周囲をはばかるように、五十がらみの男たちが弁当を食べていた。それを見ると胸が痛くなり「政府はなにをしているか」と怒りを感じるのである（「暗がりの弁当」）。

いまは、路上に座りこんでコンビニの弁当を食べる若者がいる。ペットボトルの水を飲む昼休みの大工さん。

あるいはコンビニの窓沿いにある席で、買ったばかりの弁当を食べる中年の男たち。ガラス窓ごしに町の景色をぼんやりと見物している。「空漠の弁当」で、これも令和時代の風俗である。

森鷗外の名刺

森鷗外はやたらと喧嘩をする人であった。十九歳で東大医学部を卒業して二十二歳のときドイツへ留学、二十六歳で帰国すると医学界のボス連中と大喧嘩した。

西洋医学を学んだ鷗外から見ると和漢医の技術は遅れていた。東大教授外山正一《とやままさかず》（のち総長、文部大臣）に食ってかかり、坪内逍遥（没理想論争）、高山樗牛《ちょぎゅう》（ゲーテ「若きウェルテルの悩み」訳者）と論争し、相手がどれほどの権威者であろうと遠慮なく論戦をまじえた。

税務署とも喧嘩した。論のたてかたが沈着冷静で連戦連勝だった。そんな鷗外に喧嘩を売った男がいた。鷗外より六歳若い駆け出しの文芸評論家内田魯庵《ろあん》（二十二歳）である。魯庵著『思い出す人々』にその話（「鷗外博士の追憶」）が出てくる。

――タシカ明治二十三年の桜の花が散った頃、谷中《やなか》から上野を抜けて東照宮の下へ差掛った夕暮、ふっと森林太郎という人の家はこの辺だなと思って門札《もんさつ》を見て歩くと見附けた。出来心で名刺を通じて案内を請うと、夫人らしい方が出て来て「ドウいう御用ですか？」。何しろ社交上の礼儀も何も弁《わきま》えない書生ッぽだったからムッとした。「何の用事もありませんが、そんなら立派な人の紹介状でも貰って上りましょう」とブッキラ棒に答えてツウと帰った。

神田小川町の下宿先へ帰って「鷗外を訪うて会わず」という短文を書いて国民新聞社へ宛ててポストへ入れて帰ると、机の上に「森林太郎」という名刺があった。女中を呼

んで聞くと、ツイたった今おいでになって「先刻は失礼した。宜しくいってくれ」とい

い置いて帰ったという。

魯庵は「先方は既に一家を成した大家であるに、ワザワザ夜更けてから（丁度十時半頃）挨拶に来られたというは、礼を尽《つく》した仕方で、誠に痛み入って窃《ひそ》かに赤面した」と回顧している。

魯庵に対応したのは最初の妻登志子で、海軍中将男爵赤松則良の長女。その年の暮れ、鷗外と離婚した。鷗外の家は赤松家の持ち家であった。

喧嘩屋の鷗外は、いきなり自宅へ来て、生意気な口をきいた若造に、ただならぬ気迫を感じた。

喧嘩を売る人間は、喧嘩屋の心理がわかる。鷗外は自分に似たむこうみずの若造の顔を見ようという気になって、上野豪邸から神田小川町の下宿さきまで訪ねてきた。

そして名刺を置いていった。名刺の肩書は陸軍軍医学校教官であろうか。森林太郎の名刺を見た魯庵は社へ宛てて、原稿の掲載中止を葉書で書き送った。翌朝九時、鷗外からの手紙が届いた。アトでふっと気がついて取敢えずお詫びに上ったがお留守で残念を

した。ドウカ悪く思わないで復《ま》た遊びにきてくれという慇懃《いんぎん》な但し率直な親しみのある手紙だった。

五、六日後、鷗外邸前で着流しの二人組に会った。もしやと思って、佇立《たちどま》って「森さんですか」と声を掛けると「森ですが、君は？」。「内田です」というと「そうか」と立ちながら足を叩いて頽《くず》れるように笑った。「宜《よ》かった、宜かった、最少《もすこ》し遅れようもんなら復た怒られる処だった。さあ、来給え」と先に立って二階の書斎へ案内された。

鷗外は厳として人を容れない風があり、門前払いを食わす評判があった。十齢で神童、ハタチで才子《さいし》、ドイツへ留学して帰国すると、情熱的なドイツ娘エリーゼ嬢があとを追ってきた。森家ぐるみでエリーゼ嬢を説得して帰国させ、その翌年、登志子と結婚した。

軍医教官を務めつつ、「国民之友」での訳詩や文学評論「しがらみ草紙」にS・S・S（新声社）の名で執筆する鷗外は「百年にひとり」の英才と怖れられていた。そんな鷗外は魯庵に弁明した。応対した妻に、どんな容子《ようす》の人だと訊くと、鞄《かばん》を持った若い人だというので、テッキリ寄附金勧誘と勘違いした。「イヤ、失敬した」と旧知のようになった。

名刺はこのように使うのである。魯庵の名刺一枚に鷗外はただならぬ殺気を感じた。森林太郎の名刺を手にしたときの魯庵の顔も思い浮かぶ。名刺は自分の分身で、古代中国では、竹木を削った薄板（刺）に名を記した。「刺客」の「刺」である。十六世紀のヨーロッパには、ビジティング・カード（visiting card）があり、表に氏名を、裏に住所を印刷する社交用名刺だった。銅版画を入れたおしゃれな名刺もあり、訪問した相手が不在のとき、置いてきた。留学生が帰国するとき、恩師の家へ挨拶として自国の名刺を渡したという。

就職したときの職業名刺はビジネス・カードという。会った人に貰った名刺をアイウエオ順に入れる箱があり、名刺がふえると、世間が広がる充実感があった。

会社をやめてフリーになると、名前だけ手書きにしたが、山口瞳先生に「品がないからやめなさい」と注意されて、作りなおした。某将棋名人と一緒に大手商社へ行ったとき、十人以上に名刺を渡され、たちまち名刺がなくなった。名人は「部長以下の名刺はいらない」と言って「勇気あるなあ」と思った。

四十代のころ、テレビ番組の横澤プロデューサーが「顔がわれた人は、サインがわりにいっぱい印刷して渡しなさい」というので大量に印刷したが、人気が下がってからは余ってしまった。北京の名刺店で中国文字の名刺を印刷し、韓国でハングル文字の名刺を作った。カイロではアラビア語の名刺を作り、世界各国で現地印刷したが、みんなどこかへ行ってしまった。十年前に作ったのは名前だけ記して、住所の欄を「旅行中のため住所不定」とした。この名刺はあと七枚ぐらい残っているが、いまは名刺を使わなくなった。

魯庵は、鷗外宅を訪れたあとはぐんぐん力をつけ、たちまち文芸評論家の名を高めて、コワモテの論客となった。二十四歳になるとドストエフスキー『罪と罰』（二巻）を翻訳した。鷗外は大正十一（一九二二）年七月九日に没し、魯庵は同年、雑誌「明星」にこの「鷗外博士の追憶」を書いた。二〇二二年は鷗外没後百年になります。

漂流老人

島へ船旅をすると波止場に小さな空き瓶が浮いていた。ウイスキー瓶だろうと察したが、波に乗って堤防へ流されていった。ガラス瓶の中には手紙が入っていて「島まで助けにきて下さい」と書いてあると妄想した。波止場のベンチに白骨化した老人が座っていた。杖をついてカタカタ歩き出し、公民館へ入っていった。ありゃま、生きているのだ。

勘違いしたのは白骨遺体となった戸籍上百十一歳の老人の事件が頭から離れないからだ。遺族の言い分では当人が「即身成仏したい」と願っていたという。即身成仏は、生きながらにして仏になることで、簡単にできることではなく、穴のなかにこもり、五穀を断ち、水を飲む量を減らし、座禅して死んでいく。死ぬ行者である。遺体を放置しておくと内臓が溶けてドロドロになり、悪臭は相当なものである。即身仏を祀る寺は参拝者が多く、供養料を払えば読経しつつ御簾があがって拝観できる。

キンキラの袈裟をつけた即身仏は燻製されたシシャモのように口を開け、皺くちゃに固まって鎮座している。仏になろうとした行者が命を捧げるパフォーマンスで、壮絶な信心力と被虐的官能が一体化する。

即身仏は人気があるので、東北の冬山で凍死したスキーヤーを雪に埋めて冷凍し、雪どけ後に内臓を切りとって炭焼き小屋で燻製にする、という小説があった。暴力団が闇で寺に売ると噂で聞いたことがある。

白骨化したような老人を見たとき、目まいがして、ふと歩く即身仏を幻視してしまった。

父親の遺体処置に困った娘が、そのまま放置した。なぜ死亡届を出さなかったかは不明だが、父の年金を継続して受給するためか、ズボラで呆けた父親を虐待していたためか。

不審に思った警察が調査すると白骨が出てきた。十年以上前の事件なので、それ以降、どうなったかはわからない。そのあと、ヨロヨロと歩いている老人に逢うと「即身成仏したい」といった白骨老人のことが頭をよぎる。

そのころ（十数年前）、法務省の調査では、戸籍上は生きているのに現住所がわからぬ百歳以上は二十三万人余もいた。そのうち百二十歳以上は七万人余で、江戸時代生まれの百五十歳以上が八百八十四人だった。死亡届が出てないからこんな数になる。

生きていればお会いして慶応元年の京都祇園火事、高杉晋作の奇兵隊真相、慶応二年に大坂城から出た大トカゲ、江戸吉原の火事、慶応四年の築地ホテル館の夕食、東京〜

横浜間を走った駅馬車などいろいろ訊いてみたい。

死んでも出口はなく、怨霊となって祟りをおこす。崇徳院《すとくいん》の怨霊や菅原道真の怨霊は地震や戦さをもたらし、疫病をはやらせ、その怒りを鎮めるためにさまざまの供養をしてきた。

原始民族は死者への恐怖が強い。霊魂は肉体とは別の存在で、夢のなかで肉体と遊離し、肉体が死んでも霊魂は死なずに他の人間、動物、植物のなかに移転（輪廻）する。死者の霊魂は生存者に害を与え、家族を冥府へ引っぱっていく。死者恐怖の念が強かった。江戸時代になると『四谷怪談』『播州皿屋敷』『牡丹灯籠』などの文学的潤色によって、幽霊としてのステイタスを得た。

雨のそぼ降る夜、川辺の柳のかげから、髪をふり乱して両手を出して、足もないのに濡れ草履の音をさせてウラメシヤー。人気絵師の円山応挙が描いてくれるんだから幽霊は人気が出た。

人間に人権があるように、幽霊権が生じ、幽霊権を侵害すると罰があたる。お役所仕事の典型で書類が出なければ公的に死は認定されない。役所は「聞いておりません」という。聞いてないから、生きているという判断。死者の財産は相続されるが、遺体は本人のもので相続されない。慣習とし遺族が火葬して御骨を墓場へ埋める。

戸籍上だけで生存する行方不明者は、大震災、戦中戦後の混乱で死亡した人が多いという。

桜の下にたたずむ

二十五年前、私の父が没したとき古い戸籍は「関東大震災のため消失」とあった。生きのびたため、新しい戸籍（本所区）が作られていた。父が生きていれば今年で百十二歳である。

いまは戸籍ビジネスなるものが流行し、借金をかかえた者や犯罪者が、養子縁組という手法で名を変えて暗躍し、また問題をおこして縁組をくりかえす。

これは生きながらにして過去をリセットする手法だが、幽霊老人はなんらかの不可抗力でこうなった。

老人が幽霊になったのではない。若いころに震災や戦争のため、無念の死をとげた人が多く、老人の幽霊は少ない。化けてでるのは、若い人が理不尽な事件で死んだからである。

白骨老人事件のあと、法務省は、百二十歳以上で戸籍の附票に住所の記載がなければ原簿からはずすよう、各法務局に通達した。百十九歳とすればキリがよくなく、119番と混同するため百二十歳。

平均寿命の計算では、男は九十八歳、女は百三歳以上のデータは入れないことになっている。私の母（ヨシ子さん）は百七歳だから、平均寿命計算枠からはずれた。百歳になったとき、安倍首相（当時）からの表彰状と銀メッキの銀杯が送られてきた。小池都知事からと、国立市長からの表彰状も送られてきた。ヨシ子さんは六歳のとき実母が亡くなったから、そのぶん長生きしていたのだ、と思っている。

国立の大学通りの桜が咲き出した。国立は老人が多い町で、杖をついた御老体が歩いている。この人は三日後に死ぬのである。ベンチに座って舞い散る桜の花をあびている御婦人は、四日後に死ぬのである。犬を連れた爺さんは、あと五日後に死ぬ。

と、これは私の妄想である。

漂流する老人が桜の下にたたずんでいる。

シルバー任侠道だぞ！

横尾忠則さんの「シン・老人のナイショ話」③に「85歳の肉体が救急車で病院に搬送された」顛末が出てくる。「老齢になると全てアート」でダイナミックな活劇。

八十歳を過ぎたら、のんべんだらりと一日を過ごして、冗談言って生きるのが老人の特権ですが、体力の低下、衰弱を妖術として使い、進歩という幻想から身をひきつつ、シルバー任侠道を生きましょう。

横尾さんの生き方は、昔から私のお手本でした。忘れもしない最初の衝撃は一九六五年のTADANORI YOKOOの首吊りポスターでした。グループ展「ペルソナ」への出品作で、バラの花一輪を持った男の首吊り自殺図。英文で「29歳の絶頂（クライマックス）」と記され、「I WAS DEAD」（私は死んだ）と宣言している。

「一度死んで再生する」という宣言でした。横尾さんの個展へ来た三島由紀夫（四十歳）が激賞して、週刊誌「女性自身」連載「おわりの美学」の挿画を担当した。

その翌年、高倉健のポスター「死んでもらいましょ……」に度肝を抜かれた。戦後高度成長に翳りが見え、中国文化大革命、ベトナム内戦と世界の激動期だった。

深夜興行の映画館では高倉健主演の東映「昭和残侠伝」シリーズが人気で、唐獅子牡丹刺青をしょった健さんが、諸肌を脱いで日本刀一本で殴り込み、客席に陣どった全共闘連が「やっちまえ！」と声をかけた。

横尾作品は『切断された小指に捧げるバラード』（八九三書房）という架空の本のポスターで、黒色のわくで縁どられていた。

「花のお江戸は大東京」「やくざばかりが男じゃねえ」のフレーズ。「死んでもらいましょ……」は健さんの吹き出しの台詞だった。

三島由紀夫は「高倉健は花札の刺青を背中に散らした土俗のアイドル」として「何十年かのち、コンピュータに占領された日本のオフィスの壁には、横尾氏のポスターだけが、日本を記念するものとして残されるだろう」と予告した（「ポップコーンの心霊術」）。

それから半世紀余がたった。四十五歳で壮烈なる割腹自決をした三島氏は美術家になってからの横尾作品を知らない。死ぬってなんだろう。横尾さんはM・アウレリウスの『自省録』をひいて、「自分のことをすでに死んだ者、今の今まで自分の人生を生きつくした自分」として考えている。

死は体験できない

米国自殺学会初代会長のE・S・シュナイドマンは「死は人間が求める必要がないただひとつのことで、求めなくてもいずれ死のほうがやってくる」（『死にゆく時』）と言っている。シュナイドマンは自殺予防センターを主宰していたから、自殺願望者へ対してこういう言い方をした。

死は意識の彼方に蜃気楼のようにぼんやりとあって、生きているときは、死なんて忘れている。また、だれもが自分の死を体験することはできない。死は意識もろとも肉体が終焉することだから、死んでしまえば、自分の死を知ることができない。死はいっさいを無にし、せっかくの体験すら消滅してしまう。

死にとりくむとき、二つの課題がある。ひとつは死を受容する魂の内面でこれは自分の問題、もうひとつは他者との関係で、これは自分の死を肉親や友人にうけ入れて貰う準備である。

厄介なものは自分の遺体で、相続の対象にならない。遺体は当人のものですが、当人が死ねば所有権がなくなり、国だって迷惑だし、とりあえず火葬して、墓があればそこに収納される。

武者小路実篤が九十歳で没したとき、河上徹太郎は「この作家は何だかいつまでも生きているみたいな気がしていたが、やはりそうもいかないらしい」と述懐した。正直な感想で、ここには、晩年を好き放題に生きた実篤への賛美がある。

実篤は文芸評論家からは「傑作を書かない大作家」と揶揄されたし、いったいどこが偉いのかわからない文化勲章受章者だった。画家なのか作家なのか哲学者なのかもわからぬが、そこが実篤たるところであって、中島健蔵は「武者さんは生きているだけでいい。存在するだけでいい、という人だった」と結論した。実篤の朋友志賀直哉は実篤の五年前に八十八歳で死んだ。「時流から取り残される」覚悟はなんと素晴らしいことだろうか。

「週刊朝日」（12／24号）に二〇二一年に亡くなられた人の写真が掲載されていた。十五名の遺影は三名をのぞいて、みなさん笑っている。連載している人の顔写真も、ほとんどの人が笑っている。笑っていないのは田原総一朗氏と横尾さんだけです。

横尾さんのポスターに出る自画像は「困ったような顔」が多い。大島渚監督の映画「新宿泥棒日記」（一九六九年）に出演したときのポスターには、やせっぽちで虚空を見つめる美青年の横尾さん（スチール写真）が出てきます。瀬戸内さんにヒトメボレされた。

横尾さんが、笑顔の写真を見せないところは高倉健さんと同じでした。雑誌屋小僧だった私は、写真家石元泰博氏と京都の東映太秦《うずまさ》撮影所へ行って健さんを撮影した。

健さんが笑うと、全身からフラッシュ・ライトがぼっと焚かれたみたいに光った。え⁉　健さんてこんなに明るい人なんだ、と思った。マキノ雅弘監督「日本侠客伝」シリーズを撮影中で、健さんが、人妻になった藤純子から桃の実ひとつを渡されるシーンでした。

月夜の晩、藤純子の手にのった桃が画面にアップにされる。そのあと健さんは、「奥さん、私、泣いてますよ」というのだが、台詞に照れて「これ、変ですよ」と監督に言った。

「うーん、そうかなあ」とマキノ監督が唸って、撮影はしばし中断し、結局、この台詞は使われなかった。

「死んでもらいましょ……」という台詞も「俠客伝」シリーズ「死んでもらいますよ」とかいくつかのパターンとして「面白がって」使っていた。と話が変な方向へ行ってしまった。

花散る午後の夢

テレビニュースではウクライナの戦争報道がつづくのに日本列島は桜が満開で、ロシア軍のミサイル攻撃で瓦礫と化した町の映像が焼きつく。

B29の空襲で焼夷弾をばらまかれて、廃墟となった町の記憶が重なり、近所の銭湯で長湯するうちにグラグラして目が回りそうになった。ゆっくりつかりすぎて、臍の奥まで熱くなって、わけがわからない。

どっこいしょと立ちあがり、すりへった下駄をつっかけて神楽坂通りを下り、外堀通りを渡って千鳥ヶ淵へ向かった。

江戸城北の丸跡地からお濠を隔てた西側に細長く延びる桜の名所だ。

湯あたりして、頭がぼんやりして、桜吹雪をあびると、染井吉野《そめいよしの》の枝から塵《ちり》のような花弁が散ってくる。染井吉野は淡紅白色の桜で、幕末に江戸染井の植木屋が作った。

東京には染井吉野が多い。道路沿いに植えた染井吉野の幹は、獣の化石みたいにざらついた木肌をしている。

いい気になって散っていくのにいらだって、「うるせえんだよ」とからんでしまう性分は痴呆のはじまりで、ぶつぶつと声に出すと通りすがりの女子大生が怖がって逃げた。

年をとるってのはやだね。外濠公園は土塁の上が桜並木になっていて、黄色いレンギヨウや菜の花も咲いている。白い花弁が大島桜、色の濃い花は紅しだれで、山桜は朱色の葉がにじむ。なんてったって山桜は品がいいや。吉野の山桜は御神木ですよ。

散った桜が一瞬目の前で止まり、その奥から令嬢が現れた。ありゃま、幻覚かな、と頬をつねると、「こんにちは、夏子です」と話しかけてきた。え？　夏ちゃんですか。神楽坂の見番横丁で「ひぐち屋」という小間物屋を開いて、化粧品、渋団扇、紙人形、ガラス器などを売っていた。気だてのいいお嬢で、妹の邦ちゃんが手伝っていた。色が白く、目もとがすずしく、気が強い。コロナの影響で一年前に店を閉めたという。

皇居の堀は一面の芝草で、風が吹くと、濠の水面にさざ波が立ち、花筏《はないかだ》が動いていく。堀の奥は皇居の桜、松、ケヤキ。

こちら側には、スミレ、ハコベ、クロッカスが咲き、ヒイラギの枝の奥でスズメがチチと鳴いている。すっかりいなくなったスズメがヒイラギの鋭いトゲの奥に隠れていた。春爛漫だなあ。しだれ桜が曇り空から細い糸となって降りてくる。

村遠く離れた丘に咲く桜もある。貴様と俺とは同期の桜、咲いた花なら散るのは覚悟、と歌うが、散るときは別なのが世の常で、散りぎわに朝日が匂うのがよろしい。夏ちゃんに逢うと心がうきうきしてきて、花に酔った。北の丸公園へ向かって歩いていくと、道沿いに雪柳が咲いていた。こな雪が花となって、ひとかたまりでひそんでいる。

夏ちゃんと腕を組んで桜の道を進むと、東京国立近代美術館で鏑木《かぶらき》清方展をやっていた。キヨカタ名人だア。いいですねえ。清方は明治十一年生まれの画家で美人画の天才である。

「没後五〇年」と銘打った清方展の話題作は、行方不明になって二〇一八年に再発見された「築地明石町」である。

昭和二年に描かれた美人画の傑作で、髪を夜会巻にした貴婦人がふっと後方をふりかえっている。りりしくてうるむ瞳、こんな瞳で見つめられたら気絶しちゃいそうだ。うなじが白くぽっちゃりとして、小紋の単衣に、黒羽織を着て立っている。「見返り美人」か、昭和のモナリザ。

後ろ姿が艶っぽい婦人が見返ると、思ったほどじゃないことがありますが、見返っても美人、というのがしびれる。

清方展はゆったりと展示されて、余裕をもって観覧した。清方の美人は明治、大正、昭和によって色気が変わる。清方は時代の流行に敏感で、傘や着物や花の種類など細部を描く。人魚姫や幽霊もいる。仰天したのは戯作者「曲亭馬琴」図だ。失明した馬琴（七十五歳）が『南総里見八犬伝』を口述している。亡き長男の嫁・路が小机で口述を書きとる。馬琴の目玉が虚空を睨み、書きとった文字まで細密に描かれている。「書斎は戦場」である。

西洋絵画「物語化」の明治版だ。「一葉女史の墓」（明治三十五年）の絵があった。一葉は明治二十九年（二十四歳）に没しているから、没後六年に描かれた。

島田髪の娘が白い山茶花を手向けて墓参りをしている。夏ちゃんが、「『たけくらべ』の主人公の美登利《みどり》よ」と教えてくれた。造花の水仙を持ち、三筋格子の着物、グレイの長羽織を着ている。赤い鼻緒の下駄を素足ではいている。「築地本願寺にあった樋口家の墓です」。築地本願寺といえば、三島由紀夫の葬儀がおこなわれた寺だ。

「この墓のことは鏡花先生に教えて貰ったの」。夏ちゃんは文学少女で明治文学に詳しい。清方は鏡花小説の挿絵を描き、若い頃の二人を描いた「小説家と挿絵画家」図も展示されている。

一葉没後、清方は一葉小説の挿画を多く手がけることになる。「一葉女史の墓」を仔細に見ると夕空に三日月が浮かび、島田髷には「美」の文字の髪飾りがさしてある。赤蜻蛉が舞い、細部に物語が宿っている。

夏ちゃんは上体を揺らしながら眼をほそめて見いっていた。

圧巻は築地明石町の美人画で、「明石町」は清方が幼いころ遊んでいた場所で、ハイカラな外国人が住んでいた。いきなり目に入るのは、この婦人の薬指にはめられた金の指輪で、胡粉《ごふん》で盛りあげてきらりと光る。

素足に黒い千両下駄をはいている。腰をかがめてくいいるように見たら畳表の編目が細かく描かれていた。はあっと溜息が出た。足もとにうっすらと咲く朝顔のからむ柵はペンキ塗りで、これもひと昔に流行したよね、夏ちゃん。

とふり返ると夏ちゃんじつは奈津こと、一葉さんの姿は消えていた。はて、これは花散る午後の夢なんだろうか。

ユーラ、ユラ……

夏ちゃんこと樋口一葉の精霊がすっといなくなったのは、仕事があるから先に帰ったのかもしれない。時計を見たら午後五時だった。鏑木清方は幼いころは隅田川下流の大川端で育ったが、関東大震災で築地一帯が灰燼に帰した。

大正十五年神楽坂に転居して「夜蕾亭《やらいてい》」を建てた。正確には牛込区（新宿区）矢来町。この一帯には尾崎紅葉の家があり、弟子の泉鏡花も住んでいた。夜蕾亭は昭和二十年の空襲で焼失した。清方は大震災と東京大空襲のはざまをこの一帯で暮らしていた。

神楽坂に戻り、熱海湯石段沿いにある小料理屋Sとりに入った。白い割烹着をつけたM子さんがひとりで仕切っている。M子さんは清方描く下町美人系で、春陽堂雑誌「新小説」挿画に出てくるチャキチャキ姐さん。いつも店は満員で、予約をしないと座れない。

午後五時半で、開店直前だから勝手に入ってビールを注文すると、グラスをバーテンみたいにキュッと磨く立ち姿がいいんですね。しばらくすると右の席に、私と同じ年配の老紳士が座った。聞き覚えのある渋い声だからそっと見ると村松友視氏だった。

え？　村松さんと声をかけると村松氏も驚いた様子で「ありゃま」という顔をしている。

村松氏とは年に二回金沢と熱海で会うが、神楽坂では十二年ぶりである。花見→清方→一葉→村松氏というめぐりあわせは、偶然とはいえ、妙な符丁がある。

一月に静岡県の仕事で会ったときは、その夜、「清水の小学校同級生の喧嘩の手打ち式がある」とのことだった。

村松氏は小学校の直前から清水市（現静岡市清水区）で育ち、清水次郎長物浪曲や映画の「虚」と「実」に馴じみ、性格、性根、気質、感覚に刻み込まれて育った。

富山の薬を置いていく商人の目遣い、八幡神社神主の虚無的匂い、波止場のミルクホールにたむろする縞シャツの外国人に口笛を吹かれてふり返る赤いスカートをはく女の屈折の笑顔、高校生に木の番号札を渡す自転車預かり所のオバサンの愛嬌、と老人に宿るけしきの細部を描く目線は他の追随を許さぬが、小学校同級生が和解せずに他界したため、その息子たちの仲裁と手打ちという、清水港でなければあり得ない身辺の迷路に入りこむ。

その顛末はビクトル・ユーゴー的清水港版小説『ああ無情！』の筋道に入っていくのですが、手打ちでは朝まで大酒を飲んだという。

村松氏は割烹着姿のM子さんに酒をつぎ、つがれてグビグビ飲むのでした。これぞひさしぶりに見た村松流「老人の極意」で、清水港侠客伝は神楽坂人情活劇の迷路をさ迷うのであった。

村松小説には貸本屋の奥さんが、店の奥から通行人を複雑な目で見送り、切なそうな体の傾きのディテイルが出てくる。清方に描いて貰いたいシーンだ。

十数年前に村松氏の古稀を祝う会を神楽坂トキオカの二階で開いた。「あのとき、A山が村松はあと五年は生きる、と言ったよね」「言ったかな」「言いましたよ」忘れたけど、今年、八十三歳になる坂崎重盛に、「あと五年は生きる」と言ったばかりだから言ったんだろう。

「年齢《とし》をとれば老人になれるものではない」「どうすりゃいいの」「逃げ水のように彼方にぼんやりとゆれている幻のけしきがあるだろ、爪をかけるどころか、見定めることができない幻影ですよ。おいM子さん、お酒おかわり下さいね。グビリ」

「ゆれる蜃気楼に目を凝らすと、そこに見おぼえのある文字らしきものがうっすらと浮かびあがる。グビリ」「はい、どんな文字?」「老人流と読むことができる。頭のなかにあった〝老人〟という言葉が少しやわらぎ、老人の面白さが見えた」

パチパチパチ。M子さんと一緒に拍手した。六十年前から村松式モノサシを聞いてきました。

「老人のライセンスだ。人をはかるモノサシが有りや無しやと問われれば重要なことは〝面白さ〟である。偉い、立派、品格、有名……なども無視できぬが、〝面白さ〟が一番大切だ」

それから芸術的なスリの話。上等の雪駄を履いて相手の真うしろにピタリとつき、右足をすっと出して相手のカカトに打ちあて、自分の雪駄を相手の足の下にすべりこませる。左足の雪駄も同じ動きですり替える。

「芸術的なスリだな」「そういう様子のいい男ってのがいたんだよ。M子ちゃん、お酒おかわり」よく飲むね。

村松兄イは絶好調。話し出すと、あれもこれもと止まらず、メモ帳を出して書きとめた。これは私の悪いクセ。

村松氏の祖父は文豪の村松梢風だ。父は村松さんが生まれる前に上海で客死した。上海毎日新聞記者で、実家の仏壇の中心に父の位牌と遺影が飾られていた。写真の父は眼鏡をかけ、レンズが光っていて本当の表情は隠されているようだった。

「父の名は村松ユーゴーという」ビクトル・ユーゴーにちなんでいるのだろうか。

左の手のひらに右の指で「友吾」と書いてみせた。馬琴の口述みたいだな。はたしてこの字であっているのか不明だが、ウィーッ、こんなに酒が強かったんだ。

ダンディーで「様子のいい」A叔父に「囲碁を教えてやろうか」と言われたが、しなかった。博打嫌いは私も同じ。なぜなら生きてることが博打ですからね。

「俳句ってのもする気になれないんだよ」

亡くなったと聞いていた実母は、かなりの高齢まで生きていて、数年前に他界した。その記憶をもとにした小説を根性で書き終えた。タイトルは『ゆれる階《きざはし》』で、十月に刊行された。階とは階段のことである。

「揺れるんだよ、記憶の階段がユーラユラ」「揺れますねえ」「いまも揺れている」

夜九時、私はひと足おさきに店を出て、石段の坂道をユーラ、ユラ……。

3章　下り坂の極意

鬼の足跡

日本各地には「鬼の足跡」という窪地がある。浅間山北斜面には鬼押出しがあるし、鬼の名のつく温泉も多い。池波正太郎氏の小説では鬼平が活躍し、警視庁には鬼刑事、会社には鬼部長、相撲には土俵の鬼、広告代理店電通の社員手帳には「鬼十則」、文壇には「小説の鬼」、学校には「教育の鬼」がいて、そこらじゅう鬼だらけだった。子どもたちは鬼ごっこして遊んでいたがこういった鬼は、このところとんとみかけなくなった。

鬼ごっこという遊戯は神事芸能の神楽に由来するらしく、山の精霊や荒ぶる神への信仰が関連している。鬼に豆をぶつけて追い出すのは陰陽道の呪術であって、良家の御子息が豆をまくのは児童陰陽師化で、あまりおすすめはできない。

山岳信仰では、鬼が里にあらわれて乱暴をするため、鬼を怒らせないように、衣料や酒をおそなえして鎮魂した。「鬼は外」と排除するのではなくて「鬼となじむ」知恵があった。

いまの世間には、各界の鬼が不足している。みんなが福になったところに不況停滞の原因がある。そう考えて、陰陽道で鬼門とされる丑寅の壁に「歓迎・鬼御一行様」と紙に書いて貼った。もうひとつ「節分や肩すぼめゆく鬼ばかり」の句をそえ、大声にて、「鬼は内」と言ったのだった。

寒風に乗って鬼がどすどすと台所に入ってきた。身寄りのない鬼、リストラされた鬼、還暦の鬼、学識者の鬼、古典文学の鬼、民俗学の鬼、鬼のみなさま、いらっしゃいませ。たちまち台所は鬼だらけとなり、鬼の宴会となった。酒呑童子、羅生門の鬼、神楽の鬼、歌舞伎のお嬢吉三《きちさ》もやって来て、「月も朧に白魚のかがりも霞む春の空」とはじめて鬼一同は拍手喝采。「……ほんに今夜は節分か、西の海より川の中、落ちた夜鷹は厄落とし、豆沢山に一文の、銭と違って金包み、こいつあ春から縁起がいいわえ」と「三人吉三巴白波」の名調子。よっ。

古典に詳しい鬼博士が「昔は春夏秋冬に節分があった」と講釈した。「『源氏物語』には夏の節分、秋の節分が出てきます」。あらま、そうなの、知らなかった。別の名誉鬼教授（古代史専攻）は、「節分は四季の移りかわりの行事で、季節の変わりめは体調を崩しやすいため、病魔を逮捕する警察があった。その犯人を鬼としたのです」とくやし涙を流して、「冤罪である。再審を求める」と訴えた。冬の節分は『中右記』なる書に出てきます。

もうひとり、白髭の鬼古老博士が、鬼ヶ島に伝わる「真説・桃太郎」を話してくれた。鬼ヶ島より金銀財宝を奪った桃太郎は、その後、ぜいたくざんまいの暮らしをして、放蕩したあげく、この世の無常を感じた。いくら金を使っても満足感がない。その原因をつらつら考えてみると、鬼より奪った財宝が原因であると気がつき、鬼ヶ島へ返しにいくことにした。いっぽう鬼ヶ島に残った鬼一族は、宝物を奪われて一時は落ちこんでいたものの、清貧の生活をはじめ、ひたすら晴耕雨読の日々であった。島に七本の桃を植え、桃源郷となし、あとは中国詩人、陶淵明を読んで隠者生活を楽しんでいた。

桃太郎が「財宝を返す」と申し出ると鬼たちは「いらない」と断って、言い争いになった。鬼のひとりが、桃太郎が乗ってきた船を海に流してしまった。桃太郎は半狂乱となって暴れまくり、鬼の村長を斬り殺して財宝を島に置き捨てて帰ってしまった。

船がないので、桃太郎は鬼ヶ島に実っている大きい桃の実のなかに入りこみ、ガラスのブイのように浮いて海流に乗って浜に着き、川をドンブラコ〳〵と流れていくと、おじいさんとおばあさんに拾われましたとさ。

鬼連中と楽しい宴会をして、一夜あけると、鬼どもは外にまかれた豆をポリポリとかじりながら、また、もとの家に帰っていくのであった。ですから、日本中の鬼たちは一晩だけ迫害されて、あとは各家に棲みつくのです。みなさん、鬼をいじめずに、仲良くおりあっていきましょうね。

楽しみは人生の下り坂にあり

私が「下り坂の極意」を体感したのは、自転車旅行からだった。五十五歳のとき、友人の坂崎重盛と、自転車で『奥の細道』を走破した。それもママチャリでである。いっぱいある仕事をうっちゃって、ママチャリに乗ってダラダラと自転車旅行をし、山の湯につかって芭蕉翁の気分を追体験した。それをテレビ番組のクルーが撮影して放送した。自転車に乗っていると、風が顔にあたり、樹々や草や土の香りがふんわりと飛んできて、光や音や温度を直接肌に感じ、それは気持ちがいい。自動車で移動したのでは、こんな快感は味わえない。

それでも、登り坂はきつい。

若いころの体力はなく、たいした登り坂でもないのに、自転車から降りて、引いていく始末だ。ぜいぜい息をきらして登りきると、つぎは下り坂になる。下り坂はペダルをこがなくてもよく、気分爽快だ。そのとき、

「楽しみは下り坂にあり！」

と気がついた。そしてまた坂道を登るたびに「つぎは下り坂だ」とはげましている自分に気がついた。

いま、町にあふれるジジイ指南書は、そのほとんどが上昇志向である。なんらかの形で上昇し、難しい坂を登りきろうという発想で下降志向のものがない。下り坂がこんなに楽しいのになぜなのだろうか、と考えた。人間は、年をとると、「まだまだこれから」だとか「第二の人生」だとか、「若いモンには負けない」という気になりだし、こういった発想そのものが老化現象であるのに、それに気がつかない。年をとったら、ヨロヨ

ロと下り坂を楽しめばいい。落ちめの快感は、成り上りの快感に勝る。実篤の語録に、

桃栗三年柿八年
だるまは九年
俺は一生

がある。ここにある発想は持続する不屈の意志である。時流などはどうだってよい、退歩しつつ、自分の思った通り生きるという姿勢である。

武者小路実篤は志賀直哉が死んだときから呆けはじめ、原稿も誤字脱字が多くなり、文章のなかでは同じ言葉の繰り返しが多くなった。主語述語がおかしい文章で、「武者さんの原稿はどんなものでも直すべきではない」と小島政二郎が言ったこともあって、雑誌「心」には文意不明の詩が掲載された。しかしそれはそれでいい。下り坂を降りきって、村の細道で脱輪してしまったってかまわない。

実篤の耳が遠くなったのは米寿（八十八歳）を祝うころからで、絵や画賛にも以前の

ような力がなくなった。八十九歳のときには「もうじき九十歳になると思っているが出来るだけ長生きしたい」とノンキなことを語っている。

実篤の決定的な老化は、昭和五十一年一月二十五日、妻の安子を見舞った翌々日であった。子宮癌で入院していた妻を、車椅子に乗って見舞いに行き、ベッドの安子と長い間手をとりあっていた。安子は夢うつつのまま、幻として脳裡に浮かんだ黒葡萄を「召しあがれ」と言って実篤に差し出し、実篤はショックのあまりその翌々日から失語の人となってしまった。

安子は二月に死に、実篤は安子の死を知らされぬまま二カ月後の四月九日に息をひきとった。夫婦とも呆けて死ぬのなんて、なんと幸せなことだろうか。呆けることは死の恐怖を克服する効用がある。

ワイズマンという人は「望ましい死」に関して「まず、それぞれの人が望んでいた死であり、つぎに親しい人々と心ゆくまで別れを惜しむことの死であり、さらに心残りや苦しみの少ない死である」と規定している。実篤の死はワイズマンによる「望ましい死」の典型だろう。人口ピラミッドグラフは、六十代あたりを頂点にして山型のカーブを描いていく。頂点を過ぎると下降していきます。

天才は、若くして一気に坂を登りつめ、まるで崖から落ちるように死んでしまう。芥川龍之介がそうでした。それはそれなりに天寿をまっとうしているが、われらジジイは、坂をだらだらと下るなかに楽しみを見つける。マウンテンバイクで、カナダのスキー場のてっぺんから降りたことがある。カナダのスキー場は夏場はマウンテンバイク場に変わる。

そのときは崖のような急斜面を、ブレーキをかけながら命からがら降りた。ひとつ踏みはずせば崖からまっさかさまに落ちて転落死になる。降り終わったときは、情けないことに、ブレーキをかけつづけたため両手が赤く腫れあがっていた。下り坂といっても、ときには命がけだ。どうやって人生後半の坂を降りていったらよいのか、これはそう容易なことではなく、降りる技術は、登る技術にも増して熟練がいる。退歩していく自分を受容しつつ文化的であること。これは、年をとってからではもう遅く、その人なりに練習しておいたほうがよい。

一説によるとアンデス民族は、老人を殺して食べたともいうから、年をとると、なにがおこるかわかったものではない。下り坂には、十分気をつけて用意周到の準備がいる。

いまの日本は、ジジババブームで、六十代七十代は、椅子からベッドまで新商品を売るターゲットになっている。八十代をすぎると、もう、欲しい物はなくなり、商品が価値ではなくなる。ジジババブームは、老害政治をひきおこし、若い連中に憎まれる。日本にはずっとこの伝統があり、財界もまたしかりだ。白髪の老人を理想化して、知識人の典型とみるいっぽうで、老化して皺だらけになった体を蔑視する。うっかり老人が権力を手放すと、それっきりなめられるということも昔からそうなっており、下り坂は右も左も敵だらけだから、悠々と下るには体力も精神力も必要となる。

不良老人の色気――谷崎潤一郎の手腕

『谷崎潤一郎=渡辺千萬子往復書簡』(中央公論新社)が刊行された。千萬子は谷崎松子夫人の連れ子清治の妻で、谷崎の義理の娘にあたる。千萬子は谷崎晩年の小説『瘋癲老人日記』のヒロイン颯子のモデルとなった女性である。

昭和三十七年（谷崎七十六歳）千萬子宛の手紙に、「あのアナタの足型の紙は私が戴いておきたいので御返送下さい。新しく書いて下すっても結構です」とあり、翌三十八年（七十七歳）の手紙には「あなたの仏足石をいただくことが出来ましたことは生涯忘れられない歓喜であります」とまで書いている。

松子夫人が生存中に、こういった被虐的な往復書簡が発表されれば、けっこう面倒な事態になっていたと思われる。谷崎は下り坂を書く達人であり、肉体が衰えていく後半生をなだめつつ、うまくコントロールしていった達人だ。

谷崎は七十九歳で没するが、代表作『細雪』が中央公論社より刊行されたのが六十歳である。デビュー作は二十四歳で「新思潮」に発表した小説「刺青《しせい》」で、これが荷風に激賞され一躍人気作家となった。谷崎は、書く内容がワイセツ文学とされ、発禁処分をくりかえし、人生求道的作品を書く志賀直哉に比して、一段下とみなされていた。「細雪」ですら、昭和十八年（五十七歳）から「中央公論」に連載され、途中で掲載禁止となった。小説「鍵」を発表したのは昭和三十一年（七十歳）である。

老年にさしかかった谷崎は、自分の病気に気を配りつつ、カラダをだましだまし書きつづけた。『細雪』を刊行してからは高血圧症に悩み、執筆にさしつかえるようになった。体力強靱で、ギラギラした人に見えるが実情は臆病なほど用心深い人で、書く内容も「刺青」にみられるような才気煥発さに替わって衰えていく肉体をみつめている。

七十歳で書いた小説「鍵」は、五十六歳になる大学教授の夫が、四十五歳の妻郁子との性生活を十分に享楽したいという願いを日記に書き、日記を入れた机の鍵をわざと落とす。

夫の日記はカタカナ書き、妻はひらがな書きで、互いに相手に読まれることを想定した性愛夢日記である。若いとき、この小説を読んだ私は、「なんでこんな面倒な手つづきをするのか」が理解できず、ただのエロ小説だと思っていた。それが、年をとってから読むと異常に興奮して、妻に「私らもマネしようか」と申し出て、「なにバカ言ってんのよ」とひっぱたかれた。最初から妄想日記とバレてしまっては、谷崎の域に達するにほど遠い。

「鍵」が発表されたときは、国会の法務委員会で問題になって、世評は「ワイセツか芸術か」で沸きかえり、そのぶん小説は売れた。発禁をくりかえしてきた谷崎の作戦勝ちといったところ。

「鍵」が評判になった翌年（七十二歳）、虎の門の福田家で発作をおこし、右手が使えなくなり、以後、口述筆記に頼らざるを得なくなる。「夢の浮橋」はそんななかでなった最初の作品だった。谷崎をふるいたたせたのは「老いの意識」で、衰弱が逆に原動力となっていく。こんな芸当は、気力体力が充実している若いときにはできるものではない。

人生の登り坂にも山や谷はあるが、下り坂にも山や谷があって、なだらかなアスファルト道路を、すーっと降りていくわけにはいかない。自転車で砂利だらけのデコボコ山道を降りていくようなもので、登る技術よりも下り坂のほうが難しい。体力をなだめながら、それでも楽しみながら下っていかなければいけない。

七十四歳の谷崎は狭心症の発作をおこし、東大上田内科に二カ月入院した。「瘋癲老人日記」は、その病みあがりのなかで口述筆記された。小説の内容はフーテン老人卯木督助の日記という形式で、「フーテンの寅さん」ならぬ「フーテンの督さん」の誕生となった。老人のやりたい放題とおかしさがこと細かに書かれている。

今回刊行された千萬子との往復書簡は、そういった谷崎の最後のラブレター集である。しかし、千萬子さんの写真を見ると、顔が角ばっていて（失礼ながら）ガニマタで、小説に出てくる颯子のイメージとはまるで違う。本の図版に「これでも美人でないかと言ってこの写真を皆にお見せなさい」という谷崎の自筆文があり、つまり谷崎も本心では「美人でない」と思っていたふしがある。

でも、そんなことはどうでもいい。千萬子の手紙は刺激的で、老人の妄想をかきたてる。

金を無心したかと思うと、「週刊新潮」の記事をけなしたり、「瘋癲老人日記」の映画シナリオにケチをつけたり、書きたい放題だ。映画に出演した俳優にまでケチをつけ、颯子役の若尾文子を「お色気たっぷりの女臭いしなをつくった女」ときめつけている。自尊心が強くてわがままな谷崎にものおじせず、思ったままを書く術は、ボーイッシュな形《なり》をした女のなかの女であることがわかる。書簡のやりとりを見ると、谷崎をここまで手玉にとった千萬子はかなりの才人だが、なに、手玉にとられたふりをしているのは谷崎のほうで、谷崎は千萬子に、架空の颯子を妄想しているだけなのだ。

人は年をとると、わざと呆けたふりをして家族を心配させて面白がったりする。これは老人の高等技術で、若い人は手玉にとられる。千萬子もそれを知りつつ谷崎を挑発していくところが、この往復書簡の見どころである。

魔界に踏み込む老境

谷崎に学ぶもうひとつのことは、言葉が妄想を刺激することである。本物の女よりも文字化された女が想像力をかきたて、実際の性行為よりも架空の性行為のほうに興奮し、つまり武器が言葉となる。口述筆記であろうと、言葉という銃弾を発射しつづける限り、人は下降しつつ凶器となっていく。

若いときの谷崎は傲慢不遜で、東京大学の後輩の芥川をなぶりつづけた。芥川が自殺してもなお、「芥川は作家の器量ではない」と言い放った。戦時中、疎開さきの岡山県津山へ恩人の荷風を呼び、歓待するふりをしながらも、女たちに囲まれた優雅な生活を見せつけ、敏感な荷風はそれを感じとって津山を離れた。谷崎にとっては、師も後輩も弄ぶ対象に過ぎず、それほどの谷崎が、小生意気な娘に手玉にとられ、頼まれれば金を送り、ケチをつけられれば謝り、おまけに足型をおくるよう哀願するのだから、マゾヒズムと言ってしまえばそれまでだが、これぞ老獪極《ろうかいきわま》る技と言っていい。

私は七十八歳で死ぬ前年の谷崎を、中央公論社主催の文芸講演会で見た。そのとき、私は大学四年生だった。淡路恵子に手を引かれて演壇に立った谷崎は、ちょっとよろけてみせ、それから、一言二言しゃべって、七、八分間で退場した。谷崎のあとの講演は小林秀雄で、身ぶり手ぶりの落語のような話で場内をわかせたものの、谷崎のあとでは役者の格が違い、かえって谷崎の存在感が強く残った。ユラユラとよろける谷崎には不良老人の色気があり、茫然として全身がふるえた。

谷崎は、「瘋癲老人日記」のなかで「死を考えない日はないが、それは必ずしも恐怖をともなわず幾分楽しくさえある」と書いている。右手が使えぬ谷崎がめざしたのは、スキャンダラスな性そのもので、それ以前の老作家が踏みこめなかった魔界である。下り坂にある老人のみが感得する特権的老境で、それを見定めるために、谷崎は齢《よわい》を重ねてきたと思われる。

自殺した芥川と対照的な谷崎がここにいる。そんな谷崎を、三島由紀夫は「晩年の『鍵』や『瘋癲老人日記』では、ついに氏の言葉や文体が、肉体をすら脱ぎ捨てて、裸の思想として露呈してきたように思われる」と評した。

谷崎は昭和四十年七月二十四日、満七十九歳の誕生日に、好物のぼたんはもをたいらげ、七月三十日、松子夫人にみとられながら死んでいった。

薄明りの白秋

北原白秋は、五十二歳（昭和十二年）のとき、眼底出血のため駿河台の杏雲堂病院に入院した。改造社版の『新万葉集』選歌に没頭したためである。もとより糖尿病と腎臓病もちで、失明の危険にさらされていた。

『新万葉集』は全国から募集した四十万首の短歌を全十巻にまとめるという大作業で、薄いタイプ用紙に印刷するため、字画が読みづらく、白秋は天眼鏡を片手に、選考したという。白秋のほかに選者は、茂吉、水穂、空穂、信綱、晶子など十名いたから、体調不良ならば、他の人にまかせればいいのに、それができない性分だった。

五十三歳で薄明となり、口述筆記で『多磨第一歌集』をアルスから刊行し、ビクターの『白秋歌謡名曲集』（全六枚・十二曲）に添付する解説をまとめた。五十四歳で、歌集整理をしながら、突如、歌興が白熱してとどまることをしらず、徹夜で連日連夜創作をつづけ、医師に「このままでは死ぬ」と警告されるに至った。

ふたたび左眼に眼底出血をおこして目が濁り、左眼に眼鏡をかけ、天眼鏡を押しあてても一字か二字しか拾えないというありさまだった。普通の人なら、こんなことになれば文字を読まず、ひたすら目が澄むのを待つ。それをせずに、十一月、歌集『夢殿』を刊行した。

五十五歳になると、成城から杉並区阿佐ヶ谷へ転居。居を変えるごとに、新しい風景から詩や短歌の素材を摂取しつづけた。白秋は引越し癖があり、それは気分を変えるためには有効だろうが、なにも重病のときに転居することはない、と思える。しかし、白秋は思いたったら、すぐ実行に移す性分で、風景はぼんやりとして、薄明微茫のなかで、歌集『黒檜《くろひ》』、詩集『新頌《しんしょう》』を刊行した。目が見えなくなりつつある薄明吟は、長歌五章、短歌六百五十一首が収められている。巻頭の歌はつぎのようなものだった。

照る月の冷《ひえ》さだかなるあかり戸に
眼は凝らしつつ盲《し》ひてゆくなり

月が冷えびえと照らすあかり戸を、薄明の目を凝らしつつじっと見るという。ぼんやりとしたあかりのなかで、盲目になっていく自分を見つめている。これは、下り坂の自分を観察しようという強い意志にもとづいている。

白秋は、色彩の詩人であり、とくに赤を好んだ。白秋でだれもがすぐ思い浮かべるのは、「空に真赤な雲のいろ。玻璃に真赤な酒の色。」の一節だろうし、三十三歳のときは鈴木三重吉に協力して、「赤い鳥」を創刊した。白、青、黄、黒、紫もよく出てくる。天然現象では、夕焼け、虹、星がよく登場し、色彩が鮮かであった。それが薄明の地平に入っていくのだから、衰えていく肉体を意識せざるを得ない。

重要なターニングポイントが、ここにある。

肉体が衰弱することで、もう気力を失ってなげ出してしまうか、あるいは衰弱することじたいを愉しむのか。

肉体が衰弱することは、年老いた人の特権である。

それをなげいているだけではもったいない。白秋にあっては、失明していく過程に、むしろ、青春時代には到達し得なかった世界をみつけ、それが極彩色でないぶん、一層濃縮されていく。『黒檜』から、もうひとつあげる。

眼《まな》さきに片手さし寄せしぱしぱと
見入るならひもおのづとなりぬ

自分の手を目の前に近づけて、じっと見入る時間の厚み。風景がよく見えるときには、気がつきもしなかった自分の片手がそこにある。

白秋は親分肌で激情家の反面、冷徹な利己主義者でもあった。室生犀星は、「白秋のまわりには白秋を奉った人ばかりがいて、それがいけない」と死後に批判して、「朔太郎が白秋を嫌ったのもそのためだ」と言っている。かつて親しかった三重吉や谷崎潤一郎が白秋と絶したのも、そういった「お山の大将」的性格を嫌ったためである。最初の妻松下俊子、二番目の妻江口章子も捨てて、二人の前妻は、ともに悲惨な最期をとげた。

白秋が薄明のなかで、しげしげと自分の片手を見るのは、啄木が「じっと手を見る」のとはいささか違って、利己主義者であった悪い手に見入っているのである。

力ずくの下り坂下降

五十六歳になると、ほとんど目は見えなくなり、黒眼鏡をかけ、血圧が二百五十となり、呼吸困難におちいり、そんななかで、『白秋詩歌集』を刊行し、芸術院会員となった。この年、前妻の江口章子が、人を介して白秋に会いに来たが、白秋はつれなく追い返した。

白秋が五十七歳になった昭和十七年は、日本が太平洋戦争に突入した翌年である。白秋は、この年の二月、病気が悪化して慶應病院に入院し、看護婦が強心剤注射の薬量をまちがえて死にそうになった。深夜苦しくなって当直医を呼んでも起きず、だれもいない病室での吟が、雑誌「多磨」四月号に掲載された。

仰ぎ臥《ね》に双手《もろて》くみつつおぎろなし
早や正念といふものならし

という一連の病床吟である。白秋にあっては死にそうになって一人もがいている瞬間も、それを愉しんでいる自分がいるのである。チューブに入った練り歯みがきのような命を、最後の最後まで使いきろうという執念がある。

慶應病院を出てから、歌論集『短歌の書』を刊行して杏雲堂病院に移った。盲目の病床で創作をつづけ童謡集三冊を刊行し、さらに「日本伝承童謡集成」を企画し、七月には歌集『渓流唱』『橡《つるばみ》』の編集を終える。これぞ病床の流行作家である。この年、白秋は、「長い五年の薄明の生活であった。然し私は平静に是をうけ入れ、寧ろ内的に深度を楽しんできた。仕事の手は少しも休めてはいない。あの暗黒の洞窟を潜り抜けてきた私の歩みは、此後といえども道の歩みとするだけである。」

と書いている。苦痛が極限に達し、脂汗を流しながら激しい発作をくりかえす日々がつづいた。苦痛がおさまると「なにか食べよう」と言いだし、夫人がリンゴのしぼり汁を差しだすと、「丸のまま持ってこい」と命じた。

十一月二日朝、「新生だ、新生だ、この日をよく覚えておけ、わたしのかがやかしい記念日だ」と言い残し死んでいく様は死に至る実況中継といってよい。

白秋は二十四歳で処女詩集『邪宗門』を出し、『思ひ出』はじめ多くの創作により詩壇歌壇の雄として君臨したが、薄明となった晩年五年間は、それにもまして力ずくで、意図的に一気に坂を下り降りていく。それまでの作品は、晩年の急な下り坂も滑り降りるための準備であったとさえ思える。

谷崎は白秋が死ぬまで義絶をとこうとせず、こう書いている。

「氏が盲目になったという悲報が入ったが、実は私は、氏が誰よりもそういう打撃に奮起する底《てい》の人であり、それが却って氏に新天地を打開する機縁を与えることを知って、あまり氏のために悲観はしなかった。ある意味では、天が氏に新しい武器を授けたようにさえ感じた。私は今、生前にもう一度会って置きたかったなどと云うことは考えていない。ただ、もう十年、氏を盲目の世界に生かして置いたら、どんな境地まで進展したであろうかと思って、それを限りなく惜しむのみである。」

死後、白秋の枕もとに置かれたノートに、『水の構図　水郷柳河写真集』の序文が書かれていた。そこには、

「水郷柳河こそは、我が生れの里である。……惟《おも》うにひと度は明を失して、偲ぶところ深く、今亦、五蘊尽きんとして、帰するところいよいよに篤い。」

と書かれていた。失明して死にゆく時間のなかで、郷里の風光はいっそう強い輝きをもって立ちあがってきたと思われる。谷崎が言うように、白秋がこれほど死に急がずにあと十年、いや、五年でも生きのびれば、退歩に退歩をかさねた詩が示されたはずである。

三浦半島の城ヶ島に白秋自筆の「城ヶ島の雨」の歌碑がある。生前の建立はかなわなかった。

帆形の石がビーチに突き刺さっている。

陶淵明を真似したくても

偉い文学者や詩人、音楽家の田舎暮らしが流行している。

住みなれた自宅を売り払って、田園生活に入り、晴耕雨読し、碁をたしなみ、月をながめ悠々自適の日々である。大学をリタイヤした名教授、大企業の要職をなげうった経済人、思索する科学者などさまざまである。私が通った高校の校長は、温泉が湧く山村へ引越して陶芸にいそしんでいる。まことに人間的生活で、これを陶淵明症候群という。

陶淵明（三六五～四二七年）は中国・東晋から南朝宋にかけての詩人で、四十一歳のとき、彭沢《ほうたく》省知事を辞して、郷里に隠遁して二度と出仕しなかった。陶淵明の詩は、日常生活を題材にしたものが多く、わかりやすいため、人気がある。「帰りなんいざ、田園まさに蕪《あ》れなんとす」の一句が有名だ。

「さあ帰ろう、世間との交わりをたって」という心境は、いそがしく働いている日本のお父さんは、だれもが抱く感情であろう。歌謡曲に「帰ろかなア、帰るのよそうかな？」という一節があるのも、陶淵明現象なのである。会社で、嫌いなやつとつきあって働くのにほとほと疲れ、余生は田園で暮らしたい、と。

「自分の肉体がこの世にあるのは、もう、そんなには長くない」という淵明の独白は年をとるたびに胸にしみいってくる。「天気のよい日は散歩をして、畑仕事をして、丘に登ってのんびりと口笛を吹こう」と淵明が言うのは、まことにごもっともで、そう思いたつと一刻も早く都会を逃げ出したい。

しかし、現実には、子は学校に通っており、家のローン返済もすんでいないし、田舎に帰ってからは就職口があるはずもなく、生活していくことができない。したがって、日本の場合は、定年を迎えた夫婦が、退職金と年金を使って田園暮らしをすることになる。

名をなした学者や作家ならば、田園で暮らしても著作集の印税が入るし、田舎暮らしを生かした作品ができる。いくばくかの原稿執筆依頼もくるであろう。七十歳をすぎれば、都会暮らしよりも田舎暮らしのほうがメリットがある。

陶淵明という人がそういうタイプだった。隠棲したことが人気を高めて、いっそういそがしくなった。

陶淵明が知事をやめたのは、中央官庁から行政査察官がやってきたとき、部下が「礼装してお会い下さい」と言ったので、「わずかな給料のために、そんな小僧にペコペコできるか」と腹をたてて、その日のうちにやめてしまった。そのときの詩が「帰去来の辞」である。知事の給料がわずかなものとは思えず、それをあえて「わずかな給料」と言ったのは、陶淵明はお金持ちだったということになる。「伝記」では、没落家庭に生まれて貧困のなかで少年時代をおくったというが、知事をするうち、一定の金銭がたまったのであろうか。まあ、金銭もさることながら、陶淵明は気位が高く、中央官庁の役人に頭を下げることが、自尊心をひどく傷つけることになった。

知事という職は、人と会うのが仕事である。会う相手をいちいち選んでいたら話にならず、まして相手が行政査察官とあっては、いくら若造であろうが、きちんと応対するのが一番重要な仕事ではないだろうか。ようするにここで陶淵明が言っているのは、言いがかりであって、知事職という役人相手の仕事にほとほと愛想がつきていた、というところが本当のところであろう。

陶淵明の友人に顔延之《がんえんし》という、のちの始安太守がいた。顔延之は、連日のように淵明の家へ寄って酒を飲み、去り際に二万銭を置いていった。淵明はその金をすべて酒屋にわたして、少しずつ酒を受け取っていたという。それほど酒が好きであった。悠々とした生活のわりには、六十二歳で死んだのは、酒の飲みすぎが原因だろう。

郡の長官が来れば、新しい酒がめの頭巾をはがして飲み、家へ訪ねてくる者へは、身分の高下にかかわらず、酒をふるまった。九月九日には、菊の花を杯に浮かべて飲み、長寿を祈る風習がある。ところが淵明には酒がきれていた。そこで、近くの菊畑へ行って菊の花を摘んでいると、江州の長官である王弘《おうこう》から酒がおくられてきて、すぐその場で飲みきってしまった。

捨てるほどまでのもの

知事を辞して田園へ隠遁しても、淵明はさして生活に困ったようには見えない。淵明が隠棲した家は、土地は七百坪ほどの広さで、草ぶきの家が八、九軒あり、妻と五人の子どもと住んでいた。家の裏手には楡《にれ》や柳、庭先には桃や李《すもも》があり、桑の木の上で鶏が鳴いている。これはどう見ても庄屋級のぜいたくな暮らしである。そのうえで、「わが家には俗世間の煩いはない」とおっしゃるのである。

淵明は、詩に人気があり、性格が悠々として大人物であったから、野にこもったことが、いっそう名声を高めた。いまの日本人で、こんな真似ができるのは、先祖からの代々の遺産がある人ぐらいであろう。あるいは売れっ子作家が田舎にひっこむというケースで、いずれにせよ、普通の人には、こんな真似はできない。

淵明の場合「県知事という要職を捨てた」ということが人気のポイントとなった。淵明はもともと二十九歳まで百姓であった。畑仕事では食っていけないため、仕官し、知事にまでなりあがった。役人生活は約十年間であった。かりに仕官せず、ずっと百姓のままでいれば、少々うまい詩をつくったところで、農民詩人として終わっていたはずだ。「なにを捨てるか」が大切なのである。淵明の場合は、「職を捨てるために知事にまでなった」のである。いささか面倒な手続きであるが、文芸で名をあげるには、これぐらいの工夫が必要となる。

はたして、日本のオヤジたちに「捨てるほどまでのもの」があるか。

西行《さいぎょう》は「北面の武士」という晴れがましい職を捨てて出家した。そこんところが歌壇ジャーナリズムの寵児となった最大の理由であって、言いかえれば、西行は「出家」という就職をしたのであり、「世をはかなんだ歌人」のイメージを定着させるのに成功した。西行は自己演出の達人である。くらべちゃ申し訳ないが、「親が牛一頭を売って東京の大学へ出してくれた」という政治家の泣き節とは格が違う。

日本の隠者は、西行にせよ、吉田兼好にせよ鴨長明にせよ、原則はひとり暮らしである。隠れ庵の世話をしてくれる下働きはいただろうが、ひとりで孤独をかみしめ、それを文学とした。さらに申せば、知識人で高学歴である。山頭火は早稲田大（中退）であり、尾崎放哉《ほうさい》は現在の東大法学部卒である。近代の放浪俳人は、下り坂を楽しむために、まず一定の高さまで登らなければならなかった。ジェットコースターで、最初に一気にてっぺんまで吊り上げられるようなものである。上にあげておいてから、一気に下降させる。

淵明にしたところで、「日が沈むと家の中は暗くなり、たきぎを燃やして灯りとした」と貧乏詩をうたっている。これは、知事時代にはロウソクを使う余裕があったから出るフレーズである。山間の百姓には、もともとロウソクなどはなく、日が暮れれば、眠るだけであった。淵明の場合、貧乏が風流になった。百姓ならば、貧乏は悲惨そのもので、それに耐えられず淵明は仕官をしたのである。

風流と悲惨は紙一重である。

老後を田舎暮らしするには、まず経済力がいる。私の友人の出版社編集部長で、軽井沢に四百坪の土地を買い、家を建てた人がいる。定年まであと二年だから、すでに住民票は長野県に移した。土日だけ軽井沢で過ごして月曜に出勤する。軽井沢では畑仕事に精を出し、百姓顔に日焼けし、「定年が待ちどおしい」と言っている。

あるいは、四十歳にして出版社をやめ、遠野の山奥へ家を建て、フリーで単行本編集をつづけている友人もいる。その男の息子二人は立派な社会人となった。

日本の陶淵明現象は各界でおこり、うまく成功させるためには、まず金が重要である。

体力と才能は二の次で、金の工面さえつけば日本型陶淵明になれるのだが、田園のなかで下っていく人生は、かなりの精神力と体力が求められる。

狼ジジイとマングースおばさん

私は狼少年であった。「隣の学校から番長が不良一味を連れて攻めてくるぞ」と不安をあおり、学級新聞編集主幹となるや、「校舎内林にマムシ出現」だの「校庭運動場地下で旧陸軍不発弾発見」だの「教師と保健室美人おばさんの不倫疑惑」だの「中間テスト廃止の方向」だのガセネタを流し、それで快感を得ていた。

教師より「おまえさんのようなものは、アカ新聞記者か、女性週刊誌記者となるしか生きる手だてはねえな」と進路指導されて、なるほど全国規模で大ボラを吹くのが天職である、と思いいたった。しかしながら就職した出版社には週刊誌はなかった。

就職してからしばらくは狼アンちゃんの気分でのし歩いていると、会社のなかは狼中年、老人がうようよと棲息していた。雑誌、学術書、美術書、哲学書、歴史書、文学書を作っているのは、筆者も担当者も狼老人ばかりだと気がついた。私はB級狼少年にすぎなかった過去を恥じ、周囲の狼老人に、狼の吠え方、世間のおどし方、逃げ方、嚙みつき方を学び、狼老人になるには一定の教養と作法が必要であることを知った。狼の牙は虫歯になるから、狼も入れ歯が必要である。と、まあ、世間に牙をむいてうろつくうちに、いつのまにか八十歳を過ぎてしまった。

いまどきの少年はインターネット領内に入りこみ、「出会い系サイト」で情報を流し犯罪に入る傾向がある。自分の容姿を「キムタクと似ている」と書いたところで、実物が猿みたいなことは会えばわかってしまう。かわいいものだ。世間をふるえあがらせる凶悪事件をおこす少年少女もいるが、おとなしい弱者を殺す。その手口は単純ですぐばれる。旧タイプの狼少年は減り、せいぜいが「自殺同好会」で、むしろ羊少年や羊少女が増えてきた。

伝統的狼少年は、「狼が来るぞ」と嘘情報を流して、人々の信用を失った。この第一関門をのりきると、さらに巧妙な嘘つきの術を体得して、第二、第三、第四、第五関門まで嘘をつきとおす。たいていの狼少年は第三、第四のあたりで信用をなくして失脚する。第五をのりきると、代議士となり、官庁を牛耳って、利権をほしいままにし、汚職を追及された国会議員はいくらでもいる。最後の最後の難関を突破した狼老人が政界の長老となる。

世間の実態はこういった狼老人が仕切っており、来日したローリング・ストーンズのミック・ジャガーを見たら、これぞ、スーパー狼老人という顔相でパワーがあった。狼老人は、およそつぎの六つに分類される。

①ロック系達人。日本ならば内田裕也、山下敬二郎、かまやつひろし、平尾昌晃、外国系なら「ベンチャーズ」系のグループ。ロック系の歌手はほとんどが金むくの狼老人となったが、みんな死んでしまった。

②「死にたい」系狼老人。死ぬ死ぬと言うわりにいつまでも死なない。「なかなかうまく死ねないもんですなあ」が口ぐせのしぶとい老人は狼に通じるチミツな頭脳を持っている。

③経済戦犯狼老人。あえて名はあげないが、「日本の高度成長はつづく」とぶちあげてきた経済評論家。その逆に、倒産という狼が来ているのに、「まだ来てません」とぼける政府首脳。狼が来ているのに「来てない」というんだから、確信犯である。

④先制攻撃系狼老人。仮想敵をきめて、暴力的威圧を加えて敵を倒し、そこに自己の存在意味を確認する。アメリカのトランプが一例。正義を旗印にする狂信性症状。

⑤援交系狼老人。親から会社と土地を相続した老人は金をうなるほど使い、精力もバイアグラもあるため女子学生相手の援交に詳しく、うっかりジジイだとなめてかかると、百戦錬磨の術中にはまる。エロ爺の狼老人である。
⑥一見紳士狼老人。これがけっこう多く、元会社専務だの地方資産家、大学教授だのと偽って、高価な背広を着て金持ち未亡人の財産をねらう。古典的スケコマシ狼老人。
以上六種を基本として、⑦寸借詐欺、⑧無銭飲食、⑨裏賭博仕切り、⑩高利貸、⑪ポンビキ、⑫淑女誘惑、⑬おきびき、⑭コソ泥、⑮選挙違反黒幕、⑯オカルト宗教商人、⑰脱税指導、などなど。若きころは狼少年として指弾されたものの、その実績をみがいて、狼精度をあげ、ウーと唸って世間をカッポする。こういう狼老人が町なかをうろつくので注意せられよ。

これに対してマングースおばさんが出てきた。なにしろ敵はハブみたいに凶悪だからマングースおばさんの登場。百戦錬磨のバアさんが再デビューというのも、マングースおばさん現象であります。

マングースおばさんの一般的行動は、

①パートさきスーパーの食品持ち帰り放題（というのも店長と愛人関係にあるため）。
②その愛人の恋人殺し（犯行をばらそうとしたため）。
③結婚詐欺中年婆。三人の老人から大金をだましとり、睡眠薬を飲ませ、練炭ガスで殺す。
④自転車の当たり屋。主婦だから、相手が悪いとされがちで賠償金をごっそりとる。
⑤ナマイキな嫁を山の湯に誘い谷から突き落とす。言うことをきかないと、マングースおばさんはこわいのだ。
⑥デパート万引き団結成。仲間をデパ地下派遣社員としておくりこみ、閉店時のどさくさで食品をあらす。
⑦噛みつく。なにしろ、マングースだからね。
⑧山菜とりに夫をさそい、迷子にさせて、熊の餌食とする。あるいは雪山へ行って崖下へ突き落とす。こわいよなあ。
⑨生命保険金が早くほしいため、甘辛に味つけ、月に一度砒素０・０１グラム入りの味噌汁を夫に出す。

いずれも最近あった事件ばかりで、包丁による無差別通り魔殺人のおばさんはいまだ逮捕されていない。

マングースおばさんによっては、介護さきのひとり暮らし老人の金銭を盗むのもいる。沖縄ではハブよりマングースのほうが増えてしまって困っているというが、マングースおばさんの隆盛は狼老人にはあなどれない。おばさんがこわいのはサンダルはいて、買い物かごにネギを入れたまま、フツーに殺しちゃったりするところにあるんだからね。

スミレの花咲く頃

わが家の小さな中庭にスミレの花が咲き、かたまって薄い光を放っている。

このスミレは、同じ町内に住んでいた山口瞳さんからいただいたものだ。

山口さんは、近所の野山を散歩して、スミレの花を採集して御自分の庭に植えるのを趣味としていた。そのおすそわけでいただいたスミレが、いつのまにか四畳半ぐらいの広さになって、放っておいても花をつける。

小学生のころ、野原へ花つみに行き、草花遊びをした。敗戦後で、遊ぶ道具などない時代だったから、草笛を吹いたり、笹舟を川に流したりすることが面白かった。レンゲやスミレの花は、摘んでも、すぐにしおれてしまう。

子ども心で、庭にスミレの花を植えようと思い、根っ子ごと引き抜いてきても、根づくことはなかった。野に咲くスミレを植えかえるのはけっこう難しい。山口さんからいただいたスミレは、根もとに湿った土がたっぷりとついていた。

スミレは二千種もあって、深山幽谷に咲く珍種が貴重といわれるが、このスミレはごく普通のスミレである。茎さきが薄紫の花弁をつけて、律義におじぎをしている。

中学生のころ、近くの原っぱが宅地造成されるとき、工事の作業員がスミレを長靴で踏みつけていくのを見て、胸がちくりと痛んだ。そのうちショベルカーが、スミレを土ごと掘りおこしていくので、二、三片を土ごと拾ってきて庭に植えたが、それもいつのまにか消えてしまった。

夏目漱石の句に、

菫程《すみれほど》な小さき人に生れたし

がある。

漱石は、背の高さが十センチぐらいの人になってみたい、と思ったんですね。背が十センチならば、スミレの花見はさぞかし豪勢なものになるだろう。

スミレの花言葉は、誠実、純潔、愛であるから、漱石はスミレの花に自分の心を託していた。スミレを見るたびに漱石の句を思い出す。

スミレは『万葉集』に出てくる花で、『和名抄』には野菜として扱われている。西洋でも、スミレはサラダとして食べられていた。漢方薬では解毒の効用があるとされた。花の形が、大工が使う墨入れに似ているところから、この名がついたという。

風邪をひいて熱にうかされると、頭のなかにスミレの花が咲く。喉がいたくて、けだるく、寝汗をかいて頭がモヤモヤし、ぼーっと眠っているとき、ユーウツなる脳の淵に、一輪のスミレの花が咲くのだ。風邪がなおりかけの兆候で、スミレが咲けば快方へむかう。

これは風邪をひいたときの唯一の愉しみで脳内スミレと名づけた。今年はあいにくと風邪をひかず、脳内スミレを見ることができなかった。それで庭に咲いているスミレを七束ほど、葉ごと摘みとって熱湯にくぐらせ、ぽん酢醤油をかけて食べてみると、ほんのりと苦く、脇の下をくすぐられる味だった。

スミレは、日当たりがいいところならばどこでも咲く。鉄工所の裏庭、駐車場の空地、崩れかけた崖の中腹、駅のゴミ捨て場の横、工事中のガレキのあいだ。と、思いもかけぬ場所に、ひそやかに咲いている。

室生犀星の句、

うすぐもり都のすみれ咲きにけり

はそんなスミレを詠んだものだろう。電柱の下に咲こうが駅のプラットホームに咲こうが、都のスミレには小さな意地がある。歳をとると、そのへんの空地に咲いているスミレに心をひかれ、しゃがみこんでいつまでも見てしまう。小さい紫色の魂がゆらゆらと浮いている気がする。

ナポレオンがエルバ島に流されたとき、翌春、スミレの花咲くころまでに再起することを誓い、同志たちはナポレオンを「伍長のスミレ」と呼んだ。過ぎ去った夢を追うことではなくて、「再起する誓い」がこめられているのだ。

山口さんは市井の庶民を大切にしたけれども、不逞の精神の人であった。競馬に行くときは、目つきが極道っぽくなった。

山口瞳さんは、見ためがしとやかなスミレを愛したのではなく、どんな荒地でも咲くスミレの不屈さを好んだ。そう考えながら、花の散ったスミレ草をながめた。

二つの顔

かつて片岡千恵蔵が演じる「多羅尾伴内《たらおばんない》」シリーズの映画があり、「あるときは独眼の手相見、あるときはタクシー運転手、あるときは植木職人、あるときはセールスマン、あるときは門番、あるときは魚屋、あるときは浪曲師、しかしてその実体は名探偵タラオバンナイ」という内容だった。七つの顔を持つ名探偵は、なにに変装しても、観客にはすぐ、多羅尾伴内とわかってしまうのがこのシリーズのいいところだった。
有能な人材ほどリストラされる時代にあっては、第二ラウンドは、七つの顔は無理でも、せめて二つの顔があったほうがスリリングだ。
浅草の浪曲師（じつは筑摩書房編集者）という女性がいる。独身できわめつきの美人だ。陶芸家（じつはＫＧＢ）、自動車整備工（じつは経団連副会長）。
庭の草とりにきてくれた老人三人組が、じつは元銀行支店長、元薬品会社部長、元商社役員と聞いて仰天したことがある。市の斡旋で働いている定年職人たちであった。
障子張りかえをしてくれたのは、元食パン工場長だった。つまり、わが家よりずっとお金持ちで教養ある人が、道楽でやっている。
漁師（じつは経営コンサルタント）
野菜引き売り（じつは砲丸投げチャンピオン）
メロンパン売り子（じつは防衛省参謀）
リサイクル運動家（じつは万引団首領）

祈祷師（じつはタコ焼屋主人）
喫茶店主人（じつは破戒僧）
と、キャラがそろってくると妄想はさらにふくらむ。
植物学者（じつは麻薬中毒患者）
峠の茶屋（じつは元警視総監）
リンゴ園経営者（じつはオカルト宗教教祖）
剣道道場主（じつは放火マニア）
名所ガイドボランティア（じつは怪人二十面相）
落語家（じつはテロリスト）
讃岐うどんスタンド主人（じつは二部日本サッカーチーム監督）
キャバクラホステス（じつは首相令嬢）
コンピュータのプログラマー（じつはフーリガン）
風景写真家（じつは銀行強盗）
宝くじの売り子（じつは女子マラソンの世界チャンピオン）

美容師（じつはミイラ密造人）なんてこわそうで、ぞくぞくする。おつきあいしてみたいタイプ。女性客にダイエット薬を飲ませて、カラカラの干物にしてから自宅地下室で燻製にして、寺院に売る。ミイラとなった即身仏は客がありがたがるから観光寺は欲しがります。

生花教室師匠（じつはゲイのプロレス審判）なんてのもいい。筋肉モリモリで胸毛が濃いディープなお師匠様。

大道芸人（じつは秘密外交官）。仏師（じつはバイアスロンチャンピオン）。仏師は体力ありますよ。

茶坊主（じつはゆすりの総会屋）というパターンは日本の伝統芸。地震予報官（じつは寸借詐欺常習犯）、インターネット教室講師（じつは幼児虐待犯）、インテリアデザイナー（じつは婦女暴行魔）。

どうも犯罪っぽくなってきたな。

ならばアパート管理人（じつはブルーインパルス）はどうか。普段はさえないヨボヨボのアパート管理人が、じつは元航空自衛隊の曲技飛行士で、正確にいえば第４航空団飛行群第11飛行隊隊長だったら、これはぶっとびます。サインして貰いたい。
碁会所隠居（じつは悪徳サラ金経営）
書家（じつは偽金づくり）
風鈴売り（じつはギリシャ文学者）
宮司（じつはラブホテル経営）
自然保護ボランティア（じつは米泥棒）
昔話収集民俗学者（じつは競輪選手）
ホストクラブのホスト（じつは大手企業執行役員）。夜は夜の顔を持つ。
放浪の俳人（じつは保険金殺人犯の指名手配中）。前科があり、刑務所を出たときに「下駄の音コロンと秋の出所かな」の名句が新聞俳句欄に入選していたりする。
ポルノ映画俳優（じつは鉄腕アトム）
かつお節製造販売（じつは猫）
競馬予想家（じつは馬）
馬のことは馬に聞け。勘のいい馬をゲストに加えて競馬中継番組に出演させれば、ボンクラ予想屋より、ずっと大穴をあてるだろう。

魔法の再就職をするのならば、こういった二種混合に妙味がある。地味な仕事に見えても、「じつは……」という意外性に、定年後を再構築する楽しみがある。

4章　人生最後の愉しみ

「千の風になって」どこへ行く？

小学校の同窓会があって、みんなで和気あいあいとやっていた。そしたらビール飲んで機嫌がよくなったところでリーダー格のおやじが「千の風になって」をおばちゃんたちと合唱し始めた。ぼくは激しく反応して「そんなの歌うな！」とふてくされた。するとみんなかえってムキになって歌う。古希（七十歳）を迎えようという教養のあるおばさまたちがうっとりとして肩なんか組んで歌う。ぼくは腰が抜けそうになった。

あの歌詞は千の風になった私はここにいません、成仏できないというものだ。成仏できなくて風に混じってうろうろしている。私はここにいませんというのならどこにいるのか。

死んだらそれで終わりと考えるならそれでいい。でも仏教なら他界で神道なら黄泉の国、考え方は様々あるだろうけど、一般的には魂は成仏して天に昇る。それなのに草葉の陰にもいないし、行き場がないからとりあえずそのへんの風、千の風になって未練がましく舞っているという。

成仏しない魂が未練がましく浮世にいたいという執念だけで、いったい何を考えているんだと腹が立った。

「お墓の中にいません」と言われたら墓参りする人が困ってしまう。詩人や小説家、つまり文章で作品を残す人はみな、自分は作品の中にいると信じています。芭蕉も自分の句はすべて辞世であり常に辞世のつもりで詠んでいる。

だからぼくは深沢七郎さん、山口瞳さん、井上ひさしさんといった先輩が亡くなったときはその日にその人の本を読みました。それを読むことで言霊、言葉の魂が私の中に入ってくる。葬式に行けるときは行きますし、行けないときもその人の本をどれか一冊読むと対話ができる。本を書いている人とはそういう応対ができるのです。

絵や音楽で表現している人ならその人が作曲した音楽とか絵とかを鑑賞すればいいし、そういうものを何も残さなかった人でも昔の手紙とか年賀状でもいいから読めばその中に魂がこもっている。

勝手に風の中に入られてしまったら夕涼みもできない。涼しくないし迷惑千万です。蝿じゃないんだから勝手に風の中に入らないでもらいたい。

親鸞は浄土再会、親しい人とは死後、浄土で再び会うのだと言ってきた。手紙のやり取りのたびに「浄土にて必ず必ず待ち参らせ候」、つまり自分が先に死んだら浄土で待っていますと書き、親しい人の死の報せが届くと遺族に「待たせたもう候」と書いた。先に逝った人が自分たちを待っている。

法然は式子内親王への手紙に当たり前のように「蓮の上にて共に語りあわん」と書きました。死んでから蓮の葉の上でデートしましょう、と。

実際に親しい人が死ぬと、「あっちで待っててくれ、私もそのうち行くから」と考えると心が安らぐ。ぼくは霊は不滅と思い定めていて、「あの世」で再会できると思っている。人の死は消滅ではなく他界なのです。

仏教はもういらないとか死ねば無だという人もいるが、いざ自分の父親やすごく親しい人が死に瀕したときは安心して死んでくださいと祈る。お酒の好きな友人には、「あの世で先にいい店の席を取っておいてください」と言う。死ねば無だから「はい、さようなら」ではおもしろくない。だからあっちでまた会って飲みましょうねと。

いつだったか知り合いのおばあちゃんに「旦那さんが待っているからいいね」って言

ったら嫌がられたことがありました。「せっかく死ぬのなら、つぎの世では別の男を試したい」って。

「千の風になって」がウケたのはすべてのしがらみから解放されたいという気持ちがあるからだろうが、宗教的な素養がないからそのあたりで間に合わせてしまった。拡散的過ぎて蝿たたきがないと捕まえようがない。それでは死んだ人があまりに可哀そうだから、生きているうちに死を深く問い詰め、死後のイメージトレーニングをする必要があるのです。

諸行無常と諦念

ぼくの母は令和六年（二〇二四年）十一月に百七歳で他界しました。母と話をするときは自分の葬式を気にしていることがわかる。「延命治療はするな。貯金は三百万くらいあるから葬式は三人兄弟だけで質素にやれ」という。ぼくは「おっしゃる通り延命治療はしません。ちゃんと寿命で死ねるように対応します」と返事する。その約束を守った。

ヨシ子さんは死ぬ寸前まですこぶる元気であった。なにしろ百七歳という高齢だからいつ死んでもおかしくないが、すくすくと老いていった。介護老人保健施設（ローケン）の最長老であったが、令和六年十一月に没する直前まで元気だった。

亡くなる十分前までしっかりと意識があり、息子三人とその家族が面会に行った。生死のはざかいをうつらうつらと過ごし、会話もできた。最期は、深夜九時ごろで、ベッドの上で両手をあわせて、拝むようにすうっと死んでいった。

人が死ぬときは、それまでの一生の総集編を見るという。小学生時代の記憶、中学・高校時代の思い出。結婚、出産。ぼくの世代（昭和十七年生まれ）を「過《あやま》れる一滴」世代という。結婚してすぐ産ませたのは、夫に堪《こら》え性がなく、コンドームをつけずに射精したからだ。父（ノブちゃん）の世代は子を孕ませてから召集され、戦地へ向かった。戦地で地雷に吹きとばされたが、危うく一命をとりとめた。ヨシ子さんはぼくをやどして、浜松の天竜川沿いの中ノ町村に疎開した。

ぼくは戦中の子で、ふたりの弟は敗戦後にノブちゃんが復員してから生まれた。息子たちが結婚して、孫が生まれて、百七歳になるまでの出来ごとが頭の中をよぎるという。それは大河ドラマ総集編のような形ではなく、球体となるらしい。記憶が水晶のような丸い立体となって現れる。それを見るのは死ぬ人の最後の愉しみだから、臨終のときは、横にいる人が大声を出したり、騒いだりしてはいけない。死んでいく人はゆっくりと、自分の生活の総集編を見る。

ヨシ子さんは六歳のとき、母親モトさんが亡くなった。若死にした母親の命のぶんを貰って長生きしたのだと思う。

本来、親子も夫婦もはかないもののはずである。人間には限りがあるのだからいいんだということを吉田兼好も言っている。諸行無常、ぼくが好きな言葉だ。いまの日本は世界一の長寿国家だが、そのことを自慢できないような気がする。

葬式や法要、お盆のような慰霊の行事のそもそもの意味はいろいろあるのだろうが、死んでいく人の未練と残された者の未練が交差する場所でもある。死ぬということはこの世の苦悩から解放されることだと仏教は教えるが、寝たきりで無理やり生かされた人も「これでようやく何もかものしがらみから解放されましたね」と見送られる。「お疲れさまでした」と残された家族に見送られる。長寿の親を見送るときにはそういう安息の気持ちがどうしても生まれてしまう。

身近な肉親が齢の順番に死んでいくのを順縁というが、逆縁もある。子どもに先立たれる、あるいは配偶者に若くして先立たれる。これは悲しいし、見送る側もつらい。医学が進歩して最近は少なくなったが昔は幼子を病で失う親が珍しくなかった。

その場合も仏教は「もともと仏さまの約束で、あなたのためにここへ来られた、で、お役目を終えられてまた帰っていかれた」と説明してきたという。「竹取物語」のかぐや姫みたいな存在である。

歳の順に死なれれば諦めもつきますが逆縁ではやり切れません。飼い猫や愛犬に死なれるのもたいていは逆縁になります。可愛がっていたペットに死なれたときに飼い主が悲しむのは、子猫や子犬のときから育ててきたのに自分より先に死なれると悲しみが純化するからでしょう。

親が死ねば葬式の手配とか親族や友人知人への連絡、いろんな儀式や手続き、保険や通帳の整理とか遺産相続とか、とにかくやることがいっぱいあるし通夜にも葬儀にも人が大勢集まるから、みんなに挨拶して身体も気持ちも休まるヒマがないくらい忙しい。逆にそれで悲しんでいるヒマもなくなってしまう。犬や猫のペットの死はそういう手続きや儀式がないからひたすら悲しみと向き合うことになってしまう。飼い主は心行くまでその悲しみに浸ることができるのです。

死んだらどうなるか

ぼくはいままでいろいろな旅行記を書いてきましたが最後にたどりついたのが「廃線」でした。廃線探訪は日本人が得意とする分野で、古人は失われた名所旧跡や歌枕を捜して旅をしてきた。栄枯盛衰は時の流れで、栄えていたものは必ず滅びる。その滅びの中にこの世の仕組みを見ようとしたのだが、やってみたらこれが命がけの探検だった。なくなった鉄道を供養しようという殊勝な気持ちで始めたのだが、とんでもない領域に踏み込んでしまった。で、つぎになにかあるかなと考えて思いついたのが「冥界紀行」です。「死んでからこういう旅をしましょう」という紀行を書こうかなと思っている。

子どものころ、死ぬことは怖いのと同時にある種の楽しみでした。田舎の法事に行くと、親戚のおじさんたちが、死んだらどうなるかっていう話をしている。おじいさんが死んで七回忌のときだったか、理工系の叔父は「死は無だよ。もう何もないんだ、ぽんと終わっちゃうんだ」と言う。すると海軍に行ったおじさんが「戦艦大和《やまと》だよ。三途の川なんて渡らず太平洋を渡るんだ」とホラを吹く。

みんなの話をニコニコ笑って聞いていたよそのおじいちゃんが「仏間に入るようなものだ」という。田舎の家には仏間があって、そこのふすまを開けて中に入るようなものだって。小学生のころ、そういう話を聞くのが面白かった。

いつだったか横尾忠則さんと話したら「死はない。死の瞬間は〇・〇〇〇〇〇一秒くらいだから死はない。あるのは生前と死後だけだ」と。なるほどと思った。現実は、死ぬことは「自分が死んだ」という意識もなくなってしまう状態で、自分ではわからない。他人の死はわかるけれど自分の死は体験できない。だから親戚の子どもたちと「死ぬとどうなるか」を話し合った。

「四十九日には輪廻転生して帰ってくるんだよ、だから死んだって怖くないよ」と予測し、どれが本当なのかなと思いながら、畏れと同時に死後への憧れを持つということがあった。本当のことは死んでみなくちゃわからない。

ところがいつの間にか、死ぬ話は禁忌になってしまった。「縁起でもない」と遮る。これは大人が悪い。この間、小学校五年生に授業をしてそのとき「死ぬことを考えたことはあるか」と聞くと、全員があると答えた。だから死ぬことって中年過ぎてから考えるんじゃなくて小学生も考えている。

それなのに、それに対する大人の側の受け入れがちゃんとできていない。死体はきちんと見せたほうがいいし、死んだとき、遺体を自分の家に運んで棺の中を見るという体験があれば、人は死ぬとこうなるというのがわかる。汚いもの、汚れたものとして死を隠す風潮はよくない。

葬式から帰ってくると、みんなよく塩をまきます。ぼくはまかない。死を不浄なものとは思わないからだ。葬式に行くと塩を渡されるけど「要らない」と断る。相撲じゃあるまいし、葬儀から帰って玄関で塩をまくなんて故人に対して失礼ではないか。

母の葬式は三人兄弟の家族だけですまし、それでも何か気が済んだ。これでいいと納得した。自分が死んだときの葬儀もこうなるんだろうなと思った。親の葬儀を済ませると、ようやく自分が一人前になったような気がした。人生で一番大事な儀式が親の葬儀で、壁を乗り越えて自分も再生される。

親の葬儀をすると自分が死んだときの様子というのもだいたい想像できるし、それがその人の心の安らぎにつながっていくわけで、そこに葬儀という儀礼の最大の効用がある。

葬式は型にはまっていると馬鹿にする人もいるが、伝統的に決まった型ですることで安心するし慰められる。家族葬のいちばん簡単な葬儀であっても、社会で生かされているということを自覚する。

けれど葬儀の形をいろいろ変えていくことを考える時期には来ていると思う。死は最後の楽しみなのだから。死んでどうなるかは死んでみなけりゃわからない。だから生きているうちに、あれこれと想像してみる。それが宗教です。さて、神さま仏さま、あるいは親や兄弟があの世で待っていてくれるか。答えは死んでみなきゃわからない。だから生前葬はずるいと思う。

いろんな友だちの葬儀に出て、おれが死んだときは誰がこうやって弔辞を読むのかなとか、誰が来てくれるのかなと思ったり、あるいはもう誰もいないところで、ひっそり葬儀されるのかなとか、いろいろ考える。現実には死んだら自分の葬儀は楽しめない。

それを生きているうちに会費をとって友人を集めてワインなんか飲みながら宴会するなんて図々しいにも程がある。生前葬はルール違反ではないか。

葬式は形に則ってたんたんと進める。寺の住職が来て死後の話とかして、法要の何回忌、何回忌で親戚中が集まるのがいい。親戚なんてだんだん法要のときしか会わなくなってくるから、集まるたびに人間の生死のことをいろいろ考える。

葬式に出ると家族って何だろうと考える。誰かが死ぬと残された者たちが逝った人たちをともに供養して、それが繰り返される。そのつながりが家族なのだろう。死者のための、残された者たちの寄り合いが家族だ。

そういう意味で「おひとりさま」のつらいところは家族の死に出会えないことだ。自分の死しかない。両親とかきょうだい、あるいは親しくしていた従兄弟《いとこ》とか、そういう人が死ぬことによって、いやがおうでも死の意味を学習することになるが、「おひとりさま」にはそれがない。「おひとりさま」の生き方は家族を捨てることでもある。それなりの覚悟が要る。

昔は出家という生き方がありました。

出家というのは家族の絆を捨てることで、死ぬことと同じである。私は出家したことがないからわからないが、すぐ頭に浮かぶのが西行です。西行は出家するときに縁側から娘を蹴落としたという話があります。西行の高徳を讃えるためにつくられた『西行物語』に出てくる話ですが、出家して家族の絆を捨てるというのはそれほど覚悟のいるものだという教えになっている。

家族や世間を捨てる出家というのは死ぬことと同義になる。いまの時代は家族なんかいなくていいと考える人も増えているが、昔の人にとって家族の絆は強固で、それを捨てるというのはこの世の中から自分という存在を消してしまう覚悟が必要だった。だから西行が四歳の愛娘を蹴落としたことに出家者としての確立を見ることはできる。

でも西行は出家した後も高野山と京都を行き来しながら残された家族の様子を案じて家庭をのぞいたりしている。だから西行が娘を蹴落としたのは「あんなお父さん、出ていって良かったね」と妻や娘に思わせるためだったと思っている。いいお父さんのままで出家すると家族が悲しむ。それを少しでも楽にさせたかったのではないか。

ぼくの父親のノブちゃんが死んだときもそうだった。1章でも書いたように、ノブちゃんは温厚な性格だったが死ぬときになってすごくぼくを罵った。病院の看護師さんにまで「こいつは極道で生意気だ」とか、「親を大切にしない自分勝手な性格だ」「バカでマヌケで悪人だ」ともういつものノブちゃんなら考えられないような悪罵を言い尽くしました。そのとき、そばにいた母親のヨシ子さんがこう言った。昔、すごく品のいいおじいちゃんがいて、その人が死ぬ寸前にみんなをすごく罵ったと。それは死んでからみんなが悲しまないように自分が悪者になったんだよと。「こんな嫌なやつが死んでくれて良かったとみんなに思わせるためなんだ」って。いい人のままで死んじゃうとみんなが悲しむから、自分がものすごく悪くなってしまえば「こんな人、死んでよかった」とみんなに思わせることができる。

西行も娘を蹴落とすことで、とんでもない父親だと思わせようとした。それが西行の本心だったとぼくは思っている。なぜならぼくも同じことを考えてきたからだ。子どもが一人前になってきたらそろそろ父親もぐれて極道を目指す。そうすれば子どもも「あんな不良おやじ、どこかで野垂れ死ねばいい」と思ってくれる。「いい父親だった」とか「子どものために自分を犠牲にして生きた」と思ってきた父親に死なれたら子は悲しむけれど、「あんな親父」なら死なれても悲しまないで済む。

ぼくの好きな言葉に「死ねば、いい人」というのがある。生きているときはいろいろ言われた人でも、死んでしまうとみんな「いい人」のひと言でくくられるようになる。まこと、この世は生きている人の世の中なのである。人間は種で生きる。個体で死んで種で生きていく。そういう死の意味を、常日頃、学習する必要があって、お葬式はそのための場ではないだろうか。

墓と日本人

父が死んで二十年以上になるが、父の実家は日蓮宗で寺は浅草にあった。しかし四人きょうだいの末っ子で浅草の墓には入れなくなったので、高尾霊園という分譲の墓を買った。山じゅうが墓だからしばらく墓を作らず空き地にしておいた。

弟の友人に石屋がいて、いい石を安く売ってくれるというのでその石を使おうとしたら霊園の墓石屋が持ち込み料がかかるという。霊園の業者から買えば持ち込み料金はかからない。だから結局値段は同じになるという。面倒くさいからそこに頼んだ。ごくふつうの墓にした。

墓や墓石のデザインにこだわる人は多い。いまよくある墓石の形は四角い煙突みたいな墓石で、ズラッと並んでいると地震のときにドミノ倒しみたいにバタバタと倒れそうだ。岡本太郎の「芸術は爆発だ！」みたいなアート型があったり丸石がころんと置いてあってそこに「愛」と彫られていたりする。ぼくの主治医だった庭瀬康二氏は鎌倉の東慶寺に五輪塔の墓を作った。隣に赤瀬川原平氏の墓が並んでいて、てっぺんに松が生えている。ともに建築家の藤森照信が設計した。すぐ近くに小林秀雄の墓がある。苔むした小さな五輪塔が置いてあるだけだが小林秀雄だからできるんで一般人には真似できない。だから父の墓は普通の形にした。

京都の嵐山に落柿舎《らくししゃ》という芭蕉の弟子・去来が作った農家風別荘があって、そこは観光のスポットになっているがその裏に去来の墓がある。それがちっちゃい石だけの墓でみんな「ああ、去来さんは偉い、こんなに墓を小さくして」と褒める。あれも侘びの贅沢で作られている。

ところで芭蕉の墓はどこにあるのか。芭蕉は伊賀上野の出身で松尾家の菩提寺は愛染院という真言宗の寺だがそこには芭蕉の遺骨がない。芭蕉の遺骨は大津の義仲寺にある。何だかんだ言おうが遺骨は自分の実家の菩提寺に入るのが原則である。

大坂で死んで伊賀上野に飛脚を出したが伊賀の弟子が骨を取りに来るのが遅れた。それで一番弟子の其角《きかく》が芭蕉の遺体を亡くなったその日のうちに伏見に運んだ。中一日おいて十月十四日に義仲寺に埋葬した。全国から三百人以上の弟子が参列してそこが芭蕉の墓になっている。いまでも芭蕉のファンがお参りに来る。伊賀上野の愛染院は一日遅れで芭蕉の遺体を運びそこなったことになる。

伊賀上野は悔しい。芭蕉翁記念館はあるし市をあげて大きな俳聖殿も作って芭蕉で観光をやっているのに肝心の墓がない。遺髪を納めた塚というのはあるが芭蕉ファンは髪では納得しないから墓のある義仲寺へ押しかける。人が死んだとき、何より大事なのは骨であって、日本は世界の中でも遺骨フェチの国として知られている。

アメリカやヨーロッパのようなキリスト教の国はお墓参りをあまりやらない。復活を信じるクリスチャンは復活のためには肉体が必要と考えたから、かつては土葬が多かった。だから墓地も広くて墓も大きかった。ところがだんだん火葬が一般的になってくるともう復活を信じない人が増えてくるから、小さなお墓に墓参りする人が増えてきたという。火葬して灰になったほうが墓参りしやすいし、死んだ人に会えるような気がするからだ。日本は遺骨フェチの先進国ということになる。

日本人の骨へのこだわり

火葬が終わると遺族が集められて骨拾いをする。長い箸で（ほんとうは桃や竹の木を使うらしい）順番に骨を拾って骨壺に収めていく。そのとき「のど仏」が出てきます。第何頸椎かの部分の骨が仏さまみたいな形になっている。のど仏は骨壺のいちばん上にそっと置かれる。母方のおじいちゃんが亡くなったとき、祖母は「縁起がいい」といってそののど仏だけを仏間に置いていた。

父親がなくなったときも「あるか」と思って探したが見つからなかった。だから焼けばかならず出てくるものではないと思っていたが、あとで焼き加減が難しいと教わった。上手に焼かないと割れたりして形がうまく残らないのだそうだ。

外国ではアッシュ、つまり灰になるまで焼いてしまう。火葬場で焼いてもらうと弁当箱のような入れ物に詰め込まれたボーン・アッシュを渡される。そんなことされたら情けなくて泣きたくなるだろう。

日本はお骨拾いが儀礼になっている。父が死んだときにはお骨をまず母が拾って、ぼくが拾って、弟が拾った。骨壺に入れる骨の順番も決まっている。昔はもっと細かく儀礼化されていて、遺族に夫婦が残っていたらそれぞれが箸を持ってお骨を箸渡しで拾っていく。箸渡しは三途の川の橋渡しという意味で、だから食卓で箸と箸で料理のやり取りをしてはいけない。そうしていちばん最後にのど仏を入れる。そのためにはどの部分の骨なのかがはっきりわかるように焼く。この焼き加減が難しい。遺体を焼く火葬炉の出来が問題になってくる。

人口が集中する東京のような大都会はいま、火葬炉が不足している。人は次から次に死んでいくが、火葬炉の数は限られているから三日も四日も順番待ちの遺体が出てくる。夏なら冷凍庫も足りなくなりそうだ。どんどん焼かないと遺族も困る。

しかし超高温にして短時間で焼くと灰になってしまう。しかも火葬炉は次の焼却に備えて急いで冷却しないといけない。一回の焼却時間は二時間から三時間、それが連続使用されると内部の耐火煉瓦やセラミックが劣化しやすくなるからメンテナンスも欠かせない。日本の火葬技術は外国よりもはるかに高いことになる。

日本の火葬はもともと薪から始まった伝統の技である。幸田文は父の露伴が死んだときの「葬送の記」でデビューするが、その焼き場のシーンが鮮烈だ。

残火のちろちろするなかへ棺が送り込まれ、あっというすばやさで扉が閉められ「ぴちぴちと木のはぜる音、燃えあがるらしい音、扉の合せ目をくぐって噴き出す黒煙。しかと耐えた。」と、鬼気せまる名文を残している。露伴のころは、火葬場の前で遺族が立って待っていた。幸田文は、その場にいた人の表情をきっちり書いている。

いまは火葬場で焼け終わるまで二時間ほど待つ。控室に家族や親族、親しい人が集まって食事してお酒を飲みながら死んだ人の思い出を話しているとアナウンスが流れて「集まってください」と呼ばれる。ぞろぞろと窯の前に集まってきれいに焼き上がった骨と対面する。

そうして儀式に従ってお骨拾いをするが、順番に骨を箸で拾っていくうちに、気持ちが整理されていく。焼き上がったばかりの骨はまだ熱いが、それもだんだん冷めてくる。さっきまで泣いていた人もお骨拾いをしているうちに気持ちがスッキリしてくる。お骨拾いはそのための儀式なのだろう。

「骨まで愛して」という歌がありました。ぼくは最初、あれは体の表面だけじゃなくて骨まで愛して欲しいという強欲な歌だと思っていたが、死んでから骨を供養してもらいたいという気があると思うようになった。戦没者の遺骨収集団は南の島やいろんなところに出かけて遺骨を収集してまとめて日本に持ってきて供養する。それで遺族はやっと心の整理がつく。

死は人生最後の愉しみ

親しかった友人がどんどん死んでいきます。親や兄弟も死んでいきます。葬式に行くたびに「人は死ぬ」という厳然とした事実を突きつけられる。親しかった人の死は、半分は自分の死でもあり、「自分もいずれ死ぬ」と覚悟することになる。葬式の効用は友人や親の死を受け入れ、供養するだけでなく、自分の死を確認するところにあります。いずれ自分も死ぬ、という覚悟が生まれる。

死んだ人は記憶の中に生き続けますが、五年、十年もたつと少しずつ忘れられていく。これは時間が供養してくれるのです。

歳をとると、上手に逝きたいと考える。おだやかに逝きたい。死ぬときにとり乱さない、遺族に葬式で迷惑をかけない、すーっと楽に死んでいきたい、配偶者に看取って貰いたい。子がいる人ならばわずかな遺産争いをしないでほしいと思う。

なにより重要な心配ごとは「死ぬとどうなるか」という不安です。うまく極楽浄土へ行けるかどうか、無宗教の人はどうしたらいいのか。

結果は死んでみないとわかりませんが、死は「自分が死んだ」という意識をも消滅させる。人間は自分の死を体験できない。

生理学的に考えると、人は死ぬときに、最後の最後に自分の死を受容することへの抵抗を試みます。交通事故などで一瞬ですんでしまえばそんな暇はありませんが、即死せずに数時間手当てされて死ぬ場合は「このままでは死ねない」ともがき、「なぜ自分だけが死ぬのだ」という葛藤に苦しみます。数時間が数日にわたれば、それはいっそうの苦しみになる。それは痛みによる苦しみとは別に、「死を受容する決意」の葛藤といってよいでしょう。

また、不治の病と認定され、「あと数カ月の寿命」と知れば、自分の死を納得させる葛藤が生まれる。いかに悟っていても自分の終焉を納得するのは難しい。それは人間の最後の戦いといってよいでしょう。

死にゆく人に向かっても、同じく葛藤がある。「人間はいつか死ぬのだから……」とは言えませんし、「これがあなたの運命だ」とも言えません。むしろ残された人間に傷は深く残るのです。ことに逆縁で子に先立たれた親は、いつまでも「なぜだ」と問いつづけ、心の傷が癒えるときはありません。

歳をとると自分が死ぬことも現実味を帯びてくるから、ついわかったようなことを言いたくなる。「人間は死ねば腐って最後はゴミになるだけだ」とか「腐らないように焼いても骨になって墓に埋められるだけだ」と悟ったような顔をしたくなる。本人が納得しているならそれでいいかもしれないが、自分より若い人に言ってはいけません。もし子どもが「死んだらどうなるの？」と聞いてきて、親が「ゴミになるだけだ」と答えればどうなるか。逆縁になったらどうするのか。子どもに先立たれてしまったらただでさえ悲しいのに。

宗教もふくめて、死のイメージトレーニングが求められる。親の死にあい、親しい友人を失うたびに「死の意味」を問い、体験し、学習していくのです。

死後の世界を信じる人は、信心力の強い人です。しかし宗教に帰依していない人は自己の死をどう受け入れればいいのでしょうか。現実には、死んだ時点ですべてが完結します。「生きている人の世の中」とはまことにうまいことを言ったもので、この世は生者だけのために存在するのです。

母の命日には墓参りをし、家には小さな仏壇を置き、両親の遺骨を拝んでいます。食べ物や花を供えます。これは来世を漠然と信じているからだ。父の遺伝子が私の肉体の中で生きているのだから、「自分の中に棲む父」と対話するのかな、と考えたりする。これを「死者が自分の心の中に生きている」という言い方をします。

縁によって結ばれた霊が、生前の縁により再会するのです。とすると、この世は生者と死者が共存している宇宙になります、これは漠然とした信仰で、体系づけられるものではない。

いっさいのものは生滅、変化して常住しません。無常迅速とは人の世の移り変わりが早いことで、歳月は人を待たない。人間は期限つきの消耗品であるところに趣がありま す。

死にゆく人が取り乱さないためには「ひたすら仏を信じる」のが有効ですが、この世は仏の顔をした鬼ばかりで、私も鬼のひとりかもしれない。死んで焼かれて墓に入るのにもお金がいるという世の中です。

しかし、死は恐怖であるとともに最後の「愉しみ」でもあります。平穏に死を受け入れるためには、どのような知恵をつければいいのか。死の意味を知るために人間は生きている、といってもいいのです。

おわりに

東京駅の新幹線プラットホームで二〇二三年の新年早々、転倒したあと、骨は自然治癒すると思って病院へは行かなかった。というより、病院へ行ってレントゲンをとり、ギプスをつけられたりするのが面倒でほうっておいた。

二月に入ると右膝の関節がぎしぎしと痛みだし、歩けなくなった。膝頭に久光のモーラステープを貼り、繃帯《ほうたい》をぐるぐると巻きつけたら、一週間で激痛はなおった。それでも痛みが残り、足を引きずっていた。

齢をとって転ぶのは、油断をしているわけではない。「転ぶかもしれない」という予感があって、あらあらと思うまにスッテンドウと倒れ、本能的に後頭部を打ちつけないようにした。倒れて頭を打つと硬膜下血腫という症状が出る。そのときはなんともなくても、何カ月か経った後に症状が出る。

で、四カ月後に頭がズキンズキンと痛くなった。病院へ行って脳のCTスキャンをすると、頭蓋骨の中に血が溜まっていることが判明した。硬膜下血腫だった。ただちに手術となって、おでこの右上にドリルで一円玉くらいの小さい穴を開けて血を吸い出した。

頭部の部分麻酔だから、頭蓋にガリガリと穴を開けるのがわかる。チューブをつけたまま一晩吸って残りの血（百cc）をビニール袋にためて帰ってきた。命がけで齢をとっていく。おでこの右上にできた穴に指をつっこんで、もうしばらくはヨロシク頼みます、と念を入れた。

爺の流儀

著者　嵐山光三郎

２０２５年2月25日　初版発行

嵐山光三郎（あらしやま・こうざぶろう）
１９４２年、静岡県生まれ。『素人庖丁記』により講談社エッセイ賞受賞。『芭蕉の誘惑』によりＪＴＢ紀行文学大賞受賞。長年の蘊蓄の末に到達した芭蕉像を描いた『悪党芭蕉』で、泉鏡花文学賞、読売文学賞をダブル受賞。他に『文人悪食』『追悼の達人』『「下り坂」繁盛記』『不良定年』『ごはん通』『「世間」心得帖』『年をとったら驚いた！』『枯れてたまるか！』『超訳　芭蕉百句』など著書多数。

発行者　髙橋明男
発行所　株式会社ワニブックス
〒１５０－８４８２
東京都渋谷区恵比寿４－４－９えびす大黒ビル
ワニブックスＨＰ　http://www.wani.co.jp/
（お問い合わせはメールで受け付けております。
ＨＰより「お問い合わせ」へお進みください）
※内容によりましてはお答えできない場合がございます

装丁　小口翔平＋村上佑佳（tobufune）
フォーマット　橋田浩志（アティック）
編集協力　夏谷隆治（やませみ工房）
校正　玄冬書林
編集　内田克弥（ワニブックス）

印刷所　ＴＯＰＰＡＮクロレ株式会社
ＤＴＰ　株式会社　三協美術
製本所　ナショナル製本

ISBN 978-4-8470-6712-9
WANI BOOKOUT　http://www.wanibookout.com/
WANI BOOKS NewsCrunch　https://wanibooks-newscrunch.com/
ＪＡＳＲＡＣ 出 2409667-401